幼兒數學樣式
教學實務與理論

自 序

壹、背景

　　近來幼兒教育改革的趨勢強調應給予幼兒優質數學學習的機會。優質數學學習指在教學上除提供幼兒數學概念理解外，還需給予幼兒認知推理的機會。因為根據研究報導幼兒在數字、幾何、測量、代數思維和數據分析領域上已有複雜直覺數學思維能力，而且發現幼兒階段的數學學習可作為後來小學數學成就的預測指標，可知，給予幼兒優質數學教學是何等的重要。一般對幼兒數學教學的看法，以為教會幼兒簡單的合成分解就可以了，但數學本身是複雜、結構強又存在著邏輯系統，需要深入淺出的說明及費心的設計教學活動，才能帶出優質的數學學習。幼兒對學習充滿好奇心，成人配合他們提供探索學習機會，以非正式的型態「寓樂於教」的方式進行教學，讓幼兒獲得情意上的滿足與認知潛能的發揮。

　　目前教育部頒行幼兒園教保活動課程大綱規範幼兒數學學習內容，在認知領域中，列出 3 至 5 歲幼兒的數學學習指標，其中在邏輯推理學習部分，要求幼兒要會覺知物件間排列的型式（樣式，pattern），具有整理生活環境中數學訊息的素養，而幼兒學習型式，有助於他們對週遭的訊息作整理與進入的前代數學推理學習，但是一直以來「型式」與「序列」常被混淆，形成辨識的困擾，也影響幼兒的學習。本書將這兩種概念被混淆的部分，加以釐清並舉實例說明。

　　認知領域的內容包羅萬象，除數學外，還有包括科學及文化，對教保人員常感覺不知從何下手，一方面擔心自己所知有限，再方面擔憂教不好耽誤幼兒的學習。然而，數學是一切科學之母，幼兒認知領域的學習可從基本的數學關係著手，在幼兒的生活中找到相關的議題切入教學，同時，結合各領域擴展教學廣度與深度，讓幼兒獲得優質數學學習的機會。基於

此，本書提供一本具有結構性及有趣的幼兒數學型式（樣式）教學的書，供有心從事幼兒數學教學者參考。

貳、緣由

幼兒數學的型式能擴展幼兒學習內容，設計出有趣的教學活動。撰寫本書的動機在於型式教學能帶出幼兒學習興趣與推理能力。雖然幼兒園教保活動課程大綱不強調幼兒精熟數學，但讓幼兒在非正式的學習中認識數、量與形之間的關係，使得幼兒數學的學習更多元。本書作者因緣際會到幼兒園進行臨床教學一學期，當時與班級老師協同教學，由於幼兒園的主題是「葉子」，為配合主題設計所有與「葉子」有關的教學活動，預定跟班級老師輪流教學，但沒想到筆者與班級老師設計的活動幾乎大同小異，只差認知領域中的數學相關活動沒設計到。為了不讓幼兒重複學習，幾經思索之後，筆者決定從認知領域中的數學著手。但是又為了避免幼兒數學學習流於數字計算的機械練習，決定朝向培養幼兒邏輯思考為主，而以「型式」（樣式）作跨領域教學。實施教學一陣子之後，發現設計的活動不只吸引幼兒，同時，筆者不會陷入設計教學活動思慮枯竭的問題，反而衍生很多的教學點子，並延伸出很多有趣的活動，更銜接教學主題生動的教學。次年，筆者整理臨床教學的省思資料，並蒐集文獻向國科會（科技部）申請「型式」（樣式）教學的專題研究計畫，也很順利獲得計畫補助。之後，筆者到公、私立幼兒園進行實驗教學與推廣教育，並將研發的型式（樣式）教學教材向經濟部申請專利。民國 105 年，筆者獲得十八項的樣式設計發明專利。

另外，筆者在大學任教「幼兒數學」課時，將「型式」納入職前教師幼兒數學課程內容，發現師資生對「型式（樣式）」學習反應熱烈，反映出數學不再是令人害怕排斥的學科。因此，因幼兒及師培生的學習成效激勵下，促使筆者將過去「型式（樣式）」教學的內容與材料重新整理，而撰寫成這本書。目的在幫助教保人員不因為設計教學活動感到腦力枯竭。

　　又因科技部計畫需要從事專書撰寫，本書的出版動機也源自作者從事幼兒數學研究多年，從 2005 年國科會專題研究計畫至迄今的專題研究計畫，共花十幾年的時間專攻幼兒數學研究，從數、量、形到邏輯推理的研究，而型式（樣式）屬於邏輯推理的一部分。因此，擬將過去的研究與實務經驗彙整合一本書。

　　由於筆者常在幼教現場從事教學研究，有機會結識本書的第一篇共同作者蔡秀惠老師，因為她對幼兒數學教學很有興趣，平時常在課堂上教幼兒數學，當作者到蔡老師班級與進行實驗教學時，她主動的配合從事數學教學，並樂意與作者到其他各幼兒園作數學教學推廣。經由多年的實驗教學，發展出不少幼兒數學（數、量、形、測量及邏輯推理）的教材、教法及教學活動。筆者將研究成果分享出來，無論是教學或研究，希望能提供給實務現場的教保人員或對幼兒數學教學有興趣的人參考。

　　由於多年來跟蔡老師合作從事幼兒數學教學與研究，因此，書中的範例都是來自數學實驗教學整理出來的。本書的教學範例採用跨領域、操作及遊戲方式，將理論與實務結合，教出有趣的數學教學。所列的範例與所舉的例子都曾受到幼兒的喜愛，也希望能再度的分享給從事現場教學者。

參、本書的特色

　　本書的特色之一，適合幼教現場實務教學使用。為符合現場教保人員及幼教師實際教學的需求及應用。本書撰寫的內容與教學活動，在出書前曾就教於資深的幼教師，並請他們提供合適他們所需內容。因此，這本書成書之前經過多次修改。另外，第二篇是有關作者在實施計畫時的實驗教學，將研究成果發展出來的樣式教學架構列入實施教學步驟中，故本書所列的教學都依據研發的架構逐步實施教學。

　　本書所介紹的數學樣式（型式），是為配合幼兒認知能力的學習，將樣式的種類分成簡單的重複樣式以及增長樣式，作為本書教學重點，也設計挑戰幼兒學習將複雜重複樣式及複雜的增長樣式放入書中。

本書撰寫架構分兩個向度，縱的方面從型式（樣式）理論開始，先說明型式的特性、幼兒型式教學模式，這個模式提供教學者可以依照步驟教學；另一個橫的面向以型式概念為主，有教學內容及活動連結的教學模式，幫助幼兒獲得型式概念及邏輯推理。本書設計多種型式教學的活動，重複型式出現在不同的教學方式中，也就是以不同的活動來教相同的重要概念。

肆、本書的目的

本書能提供教保人員更多元的教學方式，同時透過本書的活動，讓教學變成輕鬆無負擔，而師生能在愉悅的情境下進行教與學。本書希望數學型式（樣式）提供幼保人員「型式」教學方法，瞭解如何教及如何引導幼兒學習型式，教學過程中由淺入深，從探索、臆測、驗證到延伸習學等步驟，明列出可依循的教學步驟。

事實上，教保人員平常在課堂上都會教到型式，只是不會刻意去注意教學內容或記憶教學的流程。因為型式存在周遭的生活中，進行教學時會連結幼兒的生活經驗，教學內容多多少都關聯到型式學習，只是欠缺有目標、有組織及有系統的將平常進行的教學活動整理起來傳遞給幼兒。本書將教保人員平常教學的內容與活動加以組織整理，使型式的教學有方向可循，且使教學內容能加以延伸。同時，有目的呈現幼兒數學型式教學方法，提供幼教師有組織有方向的教學。

伍、本書內容與重點

幼兒數學的型式教學怎麼教？本書提供一個具體可行性的教學模式幫助幼兒完整的學習。本書主張幼兒在生活中學習數學，型式教學內容與幼兒的生活作息相關，在教數學時不把數學當作單科教學，而是在設計教學活動時，採用跨領域及統整的方式進行型式概念教學，教學活動包括遊戲及結合其他領域作統整教學，如數學與語文（故事），數學跨美感（動手作美勞）、數學跨肢體、數學與情緒結合。由於這本書是以型式為核心概

念，連結幼兒數學的其他主題併入教學。

　　本書期望帶入優質的幼兒數學學習，因為型式學習可以為未來學習代數作預備，而代數的學習很重視符號表徵的能力，本書的活動為培養幼兒具備這些先備的能力，書中會將實物轉成符號，符號包括數字或圖形，讓幼兒在學習樣式中就具有表徵的能力，這也是幼兒優質數學教學的重點。因此，本書涵蓋的內容從基礎的型式概念認識起，再到優質數學教學的指引。

陸、如何閱讀與使用本書

　　這本書提供幼兒數學學習代數奠基的教學方法，書中的範例都從基礎的型式（樣式）概念教起，主要目的在幫助教學者瞭解數學型式（樣式）的特性，並且能以易懂的方式說明及示範，因為這些實例都是在教學現場教過，也發現幼兒（三至六歲）透過這樣的教學能明白且易學。

　　由於本書提供的案例，所使用的教材容易取得或自製，倘若不照本書的所提供的圖教學，也可以自己畫圖或製作材料教學。本書教學範例中自編的故事、型式（樣式）教學步驟、延伸活動以及學習單，可供教學者掌握教學重點及評量幼兒的學習成效。

　　這本書型式（樣式）種類的教學，在書中的例子多，讓教者教學時可以作參考，而且在說明理論之後，會引導書中的範例作參考。以下書中的理論與教學實例將以「樣式」取代「型式」論述。

　　本書全文共有兩篇，第一篇是樣式教學的實務，內容包含教學的方法及教學實例；第二篇是樣式教學研究的理論依據，根據理論從事樣式教學的實驗研究，從研究的結果得知樣式教學的成效。第二篇主要來自改編陳埩淑（2017）。 幼童重複樣式教學之探索性研究。台灣數學教育期刊，4（1），63-92。

感謝之詞

　　本書在進行實驗教學及蒐集資料的過程中，承蒙台南市協國小附設幼兒園、龍潭國小附設幼兒園以及台南應用科技大學附設漢家幼兒園，提供班級進行實驗教學。感謝幼兒園全體師生協助下才能有此書完整的呈現。

目　次

第二篇 幼兒數學樣式教學理論與研究

陳埩淑

第一篇

有趣的幼兒數學樣式教學

前言

　　幼兒數學包含有數、量、形及邏輯推理，而數學樣式辨識屬於邏輯推理。由於學前階段的幼兒已具有豐富、複雜的非正式數學知識，他們能探索樣式（又稱型式，pattern）、形狀及空間關係，在脈絡中作數學推理，並能將生活中所體驗的，用語言表達出所察覺的規律（Clements, Swaminathan, Hannibal, & Sarama, 1999）。由於數學樣式（簡稱型式）推理是學習代數的重要基礎，透過樣式的教學可培養幼兒具有符號表徵、歸納與推理的能力。幼兒階段的數學可作為後來數學成就的預測指標（Krajewski, 2005），提早給幼兒數學活動與探索的機會，可為他們奠定未來小學數學基礎。然而，研究也發現當幼兒接受正式教育時，他們已有的非正式的數學知識與正式數學知識之間缺乏連結，影響到幼兒正式數學的學習（Clements & Sarama, 2007），如何橋接正式與非正式的學習？則需要教師在課程與教學上細心的構思。

　　Clements 和 Sarama（2007）建議應建立一個符合幼兒心智發展的學習軌道供幼兒學習。Klein 和 Starkey（2004）也認為幼兒理解抽象的樣式是逐漸發展出來的，他們主張在幼兒樣式學習階段應提供愉快的經驗，將有助於學童日後樣式推理的能力，甚至在後來代數學習能具有積極正面的態度。美國數學教師協會（NCTM, 2000）主張教師數學教學應該跟其他學科連結學習，幫助幼兒看見及經驗到數學概念，建立與其他學科領域相互連貫銜接的關係，而幼兒的學習不強調學科教學，但可以藉由跨領域的學習建立幼兒的數學素養（mathematical literacy）在真實的生活中具有判斷力或鑑賞力而解決問題。因此，本書設計的樣式活動大致採跨領域的方式教學。

　　過去學者提出數學教學的方式，教師可以採用兩種途徑（approach）：一種是幼兒數學概念統整在課程中，另一種途徑是數學有系統的透過規劃好的一系列的課程（Casey, Kersh & Young, 2004）教學，比較能引起幼兒的學習興趣。如幼兒喜歡聽故事，可以用故事來鋪陳帶入樣式概念或讓他們在遊戲中學習樣式，或者引用他們的生活經驗引導學樣式。因此，本書

有系統設計一系列的樣式課程提供教保人員使用，帶領幼兒學習樣式。

　　幼兒數學在幼兒園教保活動課程大綱（教育部，2017）屬於認知領域，培養幼兒數學能力的目的，在於幼兒能蒐集生活環境中的數學訊息，整理生活環境中的數學訊息，進而能與他人合作解決生活環境中的問題。有關樣式學習，在《幼兒園教保活動課程大綱》認知領域的課程目標中，列有整理生活環境中的數學訊息，而在學習指標的認 - 中 -2-1-1 及認 - 大 -2-1-1 提出依據序列整理自然現象或文化產物的數學訊息。「認知」指的是處理訊息的思考歷程，訊息主要源自五官感受到的有看到、聽到、嚐到、觸碰到及聞到。幼兒的生活環境中充滿訊息，需要他們去探索和處理這些訊息，並建構知識與想法。基於幼兒在生活環境中會面對許多問題，透過解決這些問題的歷程，幼兒會將所覺察探索的訊息，處理轉化為生活的知能。因此，認知領域強調問題解決思考歷程能力的培養，問題解決的思考歷程，包括「蒐集訊息」、「整理訊息」及「解決問題」三項認知能力的運用，指幼兒對外在訊息的關注與察覺、從已有概念中尋找與這些訊息的關聯，形成新的經驗，並能將獲得的經驗應用到實際的生活情境中，並在不斷循環的建構新知識獲得概念。具體來說，經由這樣的歷程，幼兒將樂於主動參與、探索問題，並且可以有系統的處理訊息，願意與其他幼兒或成人溝通、討論進而解決問題。「整理訊息」是指將先前蒐集到的各種訊息一步步的加以組織整理。當幼兒蒐集到各類訊息後，可以利用歸類、分類、比較、找出關係、序列與型式、合成與分解或圖表等將這些訊息整理出脈絡。例如幼兒依據別人所給的訊息如、大小、輕重或形狀等特徵將訊息歸類，找到的特徵作分類及命名，再比較這些特徵之間的異同，並找出其間的關係和型式。幼兒透過整理訊息的過程，了解物件之間的規則、順序或類別，以及訊息之間的因果或部分和整體的認知關係（教育部，2017）。樣式推理也是一種推理的歷程，因為「解決問題」經探究發現問題後，與他人討論提出解決問題，而思考歷程，就是一種推論的歷程。因此，幼兒根據先前蒐集和整理到的訊息，與他人共同討論可能的解決方法，然後逐一檢查

解決方法的可行性，透過實際操其中，為要有整理生活環境中數學訊息的素養，列出大班的指標要幼兒會覺知物件間排列的型式（樣式 ,pattern）能力，因幼兒學習辨識型式，又有助於對週遭有關的訊息作整理。至於。一般人常把型式與序列混淆，形成辨識的困擾，影響幼兒基礎數學概念的學習。由於幼兒教保人員與教師面臨家長對幼兒期望學好數學的壓力，家長希望幼兒在學前階段就能學好數學，孩子能順利進入正式的數學學習別輸在起跑點。基於此，本書提供一本有結構性的幼兒數學樣式教學理論與實務，供從事幼兒數學教學者參考。以下將依照目次所列的章節分述。

幼兒數學樣式

　　一般幼兒數學教育比較偏重單一概念的學習，例如學數數、運算及圖形的辨識，常流於練習背誦或機械式計算居多。事實上，數學不再被視為計算或純記憶公式的科目，若從小培養幼兒探索、臆測與數學推理的能力，對於未來進深數學的學習有助益。然而，邏輯推理能力的培養，最適合幼兒從生活中認識樣式開始，再從周遭的樣式中作臆測與推論，而這些是代數推理的歷程。因此，樣式推理被視為發展數學表徵和關係的能力，相當於發展學童等式及函數推理能力（Papic, Mulligan, & Mmitchelmore, 2009；Warren & Cooper, 2008）。有關幼兒數學樣式與推理在幼兒數學教育上更具前瞻性的學習觀點及關聯性（Mulligan, Mitchelmore, English, & Robertson, 2010），因為樣式推理對幼兒認識世界是很有意義的，這種能力從幼小階段就可以培養，有利未來建立一般化（推論出通則）和代數推理的發展，進而建立生活問題解題的技能（Vale, Pimentel, Cabrita, & Fonseca, 2012）。

第一節　數學樣式學習的重要

　　數學存在著樣式和結構，數學的本質也在尋找規律與規律之間的關係（張英傑，2001；Mulligan, Mitchelmore, English, & Crevensten, 2012）。數學樣式學習最主要的是讓學習者發現它存在著規律和原則，並利用規律原則解決問題。由於數學有效的推理需注意到真實世界脈絡中的樣式與符號，而學習如何察覺事物中數量形的規律，透過樣式探究與經驗的累積，形成一般化即抽象的概念和關係，並進一步歸納樣式解決問題（Mulligan et. al.,2012）。樣式的推理影響類推、辨識與歸納的能力，對學習代數更是關鍵（English, 2004）。在近十幾年來推動美國的數學教育改革有力的組織 - 美國數學教師協會（National Council of Teachers of Mathematics, 簡稱 NCTM, 2000）指出代數推理能力的發展攸關數學教育改革的成敗，教育專家認為應儘早提供學童從事代數思考和推理的機會和經驗（Smith & Thompson, 2007）。因此，NCTM 看重幼兒樣式發展及樣式在早期數學推

理的重要性，也把樣式學習列入數學教育研究的重要議題。因此，學者也認為樣式推理對幼兒認識世界是很有意義的，這種能力從幼小階段培養起，有利未來建立一般化和代數推理（Mulligan, Mitchelmore, English, & Robertson, 2010）。

　　早期數學學習（early mathematics learning）的研究較侷限在分析幼兒發展數學的單一概念，例如數量、數值等，但未進一步探討數學邏輯推理一般化的歷程（Mulligan & Vergnaud, 2006）。近來幼兒數學教育有新的發展，例如 Clements 與 Sarama（2009）的《建構積木的計畫（Building Blocks project）》；Gindburg、Lee 與 Boyd（2008）的《小小孩大數學（Big Math for Little Kids）》；《數學教育與腦神經計畫（Mathematics Education and Neurosciences Project, MENS）》都提出促進早期數學重要概念（Big Ideas）和發展架構（Van Nes & de Lange, 2007）。這種趨勢反映出對幼兒數學結構發展和早期代數推理（early algebraic reasoning）能力的關注。代數推理已被視為發展樣式表徵和關係的能力，相當於發展學童等式及函數推理能力（教育部；Papic, Mulligan, & Mmitchelmore, 2009；Warren & Cooper, 2008）。

　　幼兒教育的改革期望幼兒從生活與大自然中學習數學，因為「數學並非獨立存在，須應用在生活環境中的事物才有意義」（教育部，2017）。幼兒在生活中早已認識很多的樣式，幼兒學習樣式推理並不困難。在幼兒的生活中樣式處處可見，如牆壁、地毯、天花板及窗戶都可以看得見樣式如每天的生活作息，穿衣、擺桌椅和預備簡單的食物（Lynn, 2013）都存在著樣式。幼兒在生活脈絡中經驗到各種樣式，若能掌握生活規律就能推論事件發生的現象，察覺事物的因果關係，進而有效地解決問題。可見，幼兒具有學習數學樣式及結構推理的潛能。

第二節　數學樣式

　　「樣式」譯自英文 pattern 一詞，泛指通性、風格、式樣、圖案、花樣、型式等等，樣式一般指事物內或事物間隱藏的規律（regularity）或關係（relationship）（吳昭容 & 徐千惠，2010；Papic, Mulligan, & Mitchelmore, 2011）；或指排列時有特殊的規則或順序，例如音符與節奏、美術圖案、花瓣或教室課桌椅排列等（幼兒園教保活動課程大綱，2012）。

　　數學樣式與一般的樣式不同。Orton（1999）指出樣式（Pattern）不容易定義，尤其是在數學中有多種意義；另一方面，它很容易被運用在沒有明顯規則圖形的分解與排列、顏色與聲音中。所以，在排列的過程中，可能需要有很明顯的規律或透過對稱與重覆找到樣式。然而，數學樣式與一般的樣式不同，因為有很多的創作家把樣式歸為一種紋理圖案（Wade & Ashton, 2004），這類樣式與數學的樣式有所不同，前者指圖案之間的紋路或圖樣有對稱的關係，出現在同一平面空間上，很容易被發現與看見；後者則指先後順序重複出現的型式，可以透過規則找出序列關係或不斷增長的關係。因此，一般的樣式指紋理已是既成的，而數學的樣式指連續重複與序列，須經推理才能發現。在數學教學中引導學習者去發現規則，再用規則推論出未知或即將推測到的結果，也就是作合理的推論，這是數學樣式學習的目的。

第三節　數學樣式特性

　　有關數學樣式的特性，Simon 和 Sumner（1968）指出樣式包含下列的特性：

一、樣式以多種符號表示

　　樣式可利用多面向的方式呈現出來，如用字母、有定義的符號系列來

表示，是複合式，包含了次要樣式呈現在其間，重複時還會有變化。在幼兒數學的教學中，可以用肢體、聲音，音符、字母、數字與圖形等符號來表徵樣式。

二、樣式有週期性

　　週期性就是物件在一段期間會反覆出現。如在〝12121212…〞裡，1和 2 互相交替。一般而言，字串（string）的樣式是極簡略的。而 129 349 569 在這一串的數字中，「9」每隔三個數字就會規律性地出現。把 9 移除後，也存在數字排列的序列。所以，這一個系列裡有兩個符號的配對關係，第一個是相同的。第二個是下個指定的數字。這些關係可以在符號間形成簡單的系列，如下一個的關係，存在 1 和 2，以及 3 和 4 之間。另一方面，相同數字 9 會在一段區間內就出現，像是先出現在 2 和 3 之間，再出現在 4 和 5 之間。

三、樣式以符號表徵

　　「ABM CDM…」的樣式也可以用代數符號 c_{ij} 來表示：第一個下標 i 表示出現的區段，第二個下標表示每一區段內的第幾個數，所以 ABM CDM…可以被改寫成 $c_{11}c_{12}c_{13}c_{21}c_{22}c_{23}$……。其中，$c_{11}$ = A；c_{12} = B；c_{13} = M；...。

　　（1）「有次序的符號集合」是一有重複性的規律，如：E、Q、D、F、R、M；或星期一、星期二……。

　　（2）一個 adhoc「有次序的符號集合」也可以用不同的計算符號來產出一連串有秩序且連續的數字。像英文字母（E、Q、D、F、R、M）可轉成（5、17、4、6、18、13），這種有秩序的數字表徵包含重複的符號。因此，全部樣式都可以藉由簡單的符號被設計或命名。

　　由於本書主要針對幼兒樣式教學作說明，礙於幼兒符號抽象能力不足，本書將增加樣式規律的週期性的學習內容，而不多強調代數符號特性的學

習，並且在教學活動中運用多元趣味性的方式來表徵樣式，並轉化難懂及抽象符號為生動活潑且具體易懂的學習。

第四節　數學樣式的種類

數學教育文獻指出有三類的樣式：**重複樣式**（repeating pattern）、**增長樣式**（growing pattern），和**結構樣式**（structural pattern）（Copley, 1998/2003; Owen, 1995）。以下說明這三類樣式的特性。

一、重複樣式（repeating patterns）

重複樣式的特性在於單位的循環，例如日出 - 日落 - 日出 - 日落 - 日出 - 日落……有一個循環的結構可以一般化及重複。重複樣式重點在於循環或重複出現，這指有一系列特定的物件或事件重複出現，像顏色、形狀、聲音、數字或其他符號。例如：「紅色—黃色—綠色—紅色—黃色—綠色」、「○—□—△—○—□—△」。

二、增長樣式（growing patterns）

增長樣式也稱為序列（sequence），是指依照一定規形成的一系列、非重複的項目，例如 1-2-3-4-5-6 或等差數列 1-3-5-7-9……。增長樣式是用可預測的方式來改變某個數值的型式。例如：「5、10、15、20…」，是開始於 5，每項為前一項加 5 的數列。

三、結構樣式（structural patterns）

結構樣式強調結構的存在（Owen, 1995），結構意味著概念之間的連繫，也就是從一組有關聯性的事物中發現一些特質，例如：「10 可以用多少方式來組成？」，會有 9 ＋ 1 ＝ 10、8 ＋ 2 ＝ 10、7 ＋ 3 ＝ 10、6 ＋ 4 ＝ 10 的答案出現。又如數學乘法中的交換律、結合律和乘法對加法的分配

律，都是屬於結構樣式的議題。例如：「2×4=8，4×2 ＝ 8、「8×4=（5＋3）×4=（5×4）＋（3×4）」。

　另一種結構樣式是指空間結構樣式（spatial structure patterns）。在如幾何圖形如三角形數或正方形，從其數量的變化看來，與增長樣式有關，三角形、四邊形、五邊形具備空間結構的視覺特性。國內研究者則常採用「**數形**」來指稱（趙曉燕、鍾靜，2010）。因此，本文空間結構樣式「指幼兒透過圖形的學習理解圖形結構的視覺特性，察覺圖形變換中的規律。

　幼兒樣式概念的學習應由淺入深，建議教學應採漸進的方式，先由簡單的重複樣式開始，再進入複雜重複樣式，最後再加入增長樣式教學。學者 Threlfall（1999）也認為應先教重複樣式，因為它是一種線性的型式，較適合年幼的學童學。簡單重複樣式是一切樣式的根本，先從它開始奠基再慢慢往上提升難度。

幼兒數學樣式
教學模式

第一節　幼兒數學樣式教學模式

　　本書幼兒教學樣式教學模式主要提供教學現場老師有明確的步驟進行樣式教學。因為幼兒教學樣式教學是以提供幼兒主動探索發現為起始點，配合活動先讓幼兒尋找樣式，再辨識組成樣式的核心單位，接著讓幼兒學習標示出樣式單位，當幼兒熟悉樣式單位之後，再讓幼兒去猜測下一個出現樣式單位，而掌握住樣式，再延伸樣式。當教師在教學過中，遵循這五個步驟進行樣式教學，幼兒從學習、練習到熟練的過程中，形成數學的一般化，也就是幼兒在樣式推理學習中培養出邏輯推論的能力。以下依照圖1幼兒教學樣式教學模式與五個步驟加以說明。

圖1　幼兒教學樣式教學模式
（參考陳埩淑，2017，P.70）

第二節　幼兒數學樣式教學步驟

一、尋找樣式

　　先帶領幼兒找出樣式，教師先引導幼兒觀察到某種物件，包

含的元素有規律的重複出現，這物件具有樣式的特色。例如，■▲▲■▲■▲■▲▲▲與■▲▲■▲▲■▲▲，前者不是樣式因為找不到■▲有規律的出現，而後者是樣式，因為■▲▲會重複出現。在尋找上述兩者是不是樣式時，要先瞭解樣式的特性是有規則可循的，前者的■和▲組成的系列中找不到有規則性的排列，而後者可以看到■▲▲會重複的依序出現。

二、辨識樣式單位

樣式推理教學初始的任務先辨識樣式單位。吳昭容與徐千惠（2010）認為幼兒能對樣式的題目解題，一開始要能辨認出樣式中的單位。辨識樣式單位是指能看出樣式排列中，由重複出現元素所組成的**單位**。Warren 與 Cooper（2008）為讓學習者學會辨認樣式中的單位，他們設計樣式作業時，讓學生能夠覺察重複樣式與增長樣式之間的差異，例如 ABABABAB 是重複樣式，而 ABABBBABBBBABBBB… 是增長樣式，因為前者的單位是 AB 會重複呈現，但後者的樣式元素中 B 的數量卻不斷的增加，學生若能注意這兩種樣式的不同，察覺到樣式中的元素保持不變的重複出現，而另一種是樣式當中元素的數量在改變？當幼兒能覺察到樣式元素改變與否，就能學會辨識樣式做合宜的推理。

三、標示樣式單位

Threlfall（1999）認為尋找樣式的核心單位是樣式推理的關鍵。樣式推理或一般化最基本要掌握樣式的核心單位，例如 ABABAB 核心單位 AB，標示單位即把核心單位 AB 標示出來，如 AB/AB/AB/AB，是利用「/」把單位分別出來，也把整個樣式的結構分析出來，讓學習者對樣式的核心單位一目了然。若稍微複雜的重複樣式通常指樣式單位內的元素產生變化，有的是元素數量增加；有的是核心單位 AB 加入新的不同元素 C，變成 ABC/ABC/ABC；或加入相同的元素，也就是核心單位內有相鄰的元素相

同，如樣式 ABBC/ABBC/ABBC 樣式中，核心單位 ABBC 的其中 BB 兩個元素相鄰，所以標出樣式單位 ABBC/ABBC/ABBC，因此，標示單位有助於認識樣式。

四、臆測單位

臆測單位指在標示單位後，猜測下一個核心單位是否會重複或循環出現。本書的臆測指幼兒經觀察樣式後，根據前面出現過的樣式單位作下一個單位出現的合理推測。例如，ABABABABABAB 的樣式，ABABAB＿＿AB，空格的應填入什麼字母？若瞭解樣式的特性，就會填入 AB。臆測與辨識樣式單位有密切的關係，而樣式推理發展出的臆測能讓幼兒有機會在樣式推理下判斷樣式是否能延伸？

五、延伸單位

延伸單位指核心單位一直延伸下去，核心單位無論是往直線或非直線的方向延續下，核心單位還是會重複出現。例如，123412341234 的樣式，若要延伸下去，需找到核心單位 1234，並再延伸一個單位 1234。延伸單位的重要性在幫助學習者能辨識樣式變化與不變的規則，如樣式 ABABABAB，樣式的單位只有重複沒有改變。有改變的如 12345 是一種增長樣式，它的變化在於往下延伸時，每個元素都要加 1，再變成 123456；又如 246 的增長樣式，向下延伸時，延伸下去的元素要加 2，為 2468。可知，增長樣式改變的是延伸樣式元素的變化。因此，從樣式教學的步驟中，可以從延伸樣式看出學生樣式類推的理解程度（Warren & Cooper, 2008）。

因此，教學模式的步驟，先由教師帶領幼兒尋找樣式，再進入辨識樣式單位、標示單位與臆測單位，最後延伸單位。經由這些歷程幼兒學習樣式是以循序漸進的方式進行。若幼童在學習過程中遇到困難，則先停留在該階段，直等待幼童熟練後，再邁入下一個階段的學習。

幼兒數學樣式
教學活動設計

　　幼兒數學樣式教學活動如何安排與設計才能達到教學目標？基本上，帶領幼兒數學樣式學 習就是讓樣式學習變得有趣，以及讓幼兒探索發現其中的規律，進而能做推理。由於幼兒天性充滿好奇心，喜歡探索新事物，數學樣式本身能滿足幼兒這方面的需求，成人安排適合的課程及活動，加入情境脈絡，讓幼兒充滿學習的樂趣。本書提出有趣的樣式數學教學，因為是以幼兒為對象，適合結合其他領域，透過操作、活動及說故事的方式傳遞樣式概念。另外，樣式教學內容加入幼兒生活經驗，以吸引他們的題材融入樣式教學，提升學習成效。因此，本書選擇樣式教學內容都跟幼兒生活經驗相關，例如，以幼兒生活中例行活動或是幼兒能接觸到的環境、經驗與遊戲或想像的故事來引起幼兒學習興趣。

　　幼兒數學樣式教學設計首重引起幼兒學習興趣外，還需要循序漸進的引導，而且要讓幼兒避開學習的挫敗感。其中，樣式類型的教學建議先從簡單重複樣式開始，再到複雜重複樣式，最後才進入增長樣式教學。也就是，從簡單的重複樣式著手，當幼兒願意接受挑戰時，才進入樣式複雜的重複樣式學習，甚至還得考量幼兒的學習狀況，再決定要不要進入增長樣式。另外，當幼兒有了基本的樣式概念後，呈現樣式排列的方式，先從直線排列開始，再到其他方式的排列，如排列成 S 型或 O 型的方式。本書的後面會呈現這些範例。

第一節　生活中的樣式

　　幼兒數學樣式教學從幼兒生活中取材，最簡單的就是從幼兒的生活作息開始，教簡單的重複樣式，當作樣式學習的導入階段。

一、日常生活作息

　　幼兒日常生活作息指一天中的例行活動。例如，幼兒從一天的開始有起床、刷牙、吃飯、上學等固定的活動，而這些活動在幼兒生活中會規律

的出現，形成幼兒生活作息。

　　成人可以利用這些規律活動帶入簡單的樣式教學，教學時，要預備幼兒一天例行的活動圖片，如起床、刷牙、吃飯、上學的照片或圖片，再將圖片貼在幼兒可以看得到的地方（白板），並邀請幼兒先認識圖片的內容，再請幼兒依照自己一天的作息，排出他們一天作息的順序。例如，幼兒每天的作息是起床 - 刷牙 - 吃飯 - 上學，排完一天的作息後，再讓幼兒多排一天的作息，就是起床 - 刷牙 - 吃飯 - 上學 - 起床 - 刷牙 - 吃飯 - 上學，如下圖。排列圖片的目的主要是讓幼兒發現生活作息好像每天都一樣，而且一直重複出現，從中瞭解到生活作息是一種規律，也是一種生活的樣式。排列生活作息圖片除讓幼兒理解每天生活作息是生活中的例行活動外，也可以瞭解是不是每位幼兒的生活作息會有不同？老師可以請幼兒上台排列自己一天的作息，不同幼兒會有不同的排列順序，幼兒們之間就可以看到別人與自己不同的生活作息，瞭解別人跟自己有不同的生活方式，擴展幼兒有多元的觀點，也學習尊重彼此之間的生活差異。

　　圖 2 是幼兒兩天早上的作息，第一天早上的作息是起床 - 刷牙 - 吃飯 - 上學，第二天早上也是一樣的作息，每一天的規律的作息，形成生活樣式。

第一天　　　　　　第二天

圖 2　幼兒生活作息樣式

　　教師可以利用像上述的圖片排列生活作息的樣式，幫助幼兒瞭解生活中的規律也存在著樣式。

二、幼兒園例行性活動

　　幼兒除了生活作息外，在幼兒園裡也有例行性活動。成人可以利用幼兒園每天的例行性活動教樣式。例如，在幼兒園的例行活動中包括幼兒排隊洗手、上廁所，進行大肌肉活動等。教師可以設計成幼兒樣式學習內容，讓幼兒在例行性活動中感受到樣式的存在，體驗到數學就在生活中，同時，也能幫助幼兒遵守幼兒園的規定。例如幼兒從排隊時，利用排隊的方式讓幼兒看到樣式。在幼兒園的例行活動中，幼兒排隊上廁所及排隊洗手都可以在幼兒排隊中體驗到樣式。如讓幼兒聽老師的口令排隊，當排隊的隊型為男女男女，依次排出：男 - 男 - 女 - 女 - 男 - 男 - 女 - 女的隊型，如下圖 3：

圖 3　排隊樣式

　　或者，也可設計以男女為單位元素排列出多種的樣式。而這些都可以依照簡單重複樣式的型式作排列。因此，從幼兒園的例行性活動也可以讓幼兒感受到樣式的存在，也發現數學就在生活中。例如，老師可以叫大家來排看看。

　　老師示範：請十位幼兒排隊，排出男女男女（幼兒四位排列樣式），接下去問幼兒該怎麼排呢？排好「男－女－男－女－男－女－男－女－男－女」之後，再示範另一種排列方式：男－男－女－男－男－女－男－男－女－男－男－女－男－男－女…，再問幼兒還有沒有其他的排列方式？

第二節　大自然中的樣式

一、大自然的規律

　　從晝夜的變化及四季更迭，讓幼兒看到樣式也存在大自然界中。教師讓幼兒去思考及探索在大自然中是否有重複循環的現象持續發生，進而引導幼兒探討到大自然中的規律。將大自然的變化當作學習的議題放入幼兒數學樣式教學中。對這類的教學建議老師們先從一天晝夜的輪替開始，找到一天規律教簡單重複樣式，再進入四季變化，讓幼兒可以學單位元素增加的重複樣式。

（一）日夜循環

1. 日出日落的規律

　　從一天的**日夜**重複出現帶出簡單樣式教學，從**日夜循環**出現幫助幼兒認識晝夜的循環是大自然界的一種規律，因這樣的線索可以推測預測明天還是有日夜的出現，而得知一種樣式，樣式不只是圖案或數字的排列而已，每天都會有經歷到規律的出現。由於大自然中太陽的升起與落下，**日夜循環**是一種規律。如用圖來排，一天當中有白天與晚上，太陽代表白天，月亮代表晚上，用白天與晚上當作樣式單位中的兩個元素（以太陽及月亮代表**日夜**）。

　　如一天樣式的排列：

　　二天的排列：

2. 一星期的樣式

　　在自然界裡，我們知道太陽升起，到晚上太陽下山，月亮出來，星星也出來了，這樣一天過了。原本的太陽上下山、月亮再加上星星，出現兩天的樣式，如下：

第一天　　　　　　　　　第二天

　　老師在引導幼兒時，要以重複循環出現的現象提醒幼兒：「一天又一天，一再反覆出現，而且知道接下來會發生什麼事，可以預測的，它會重複出現，這就是樣式的產生」。

（二）時間更迭

　　另外，生活中看不到摸不著的時間，也會有循環出現的規律。具體可見的是可以從看時鐘看到時間的循環現象，早上 1 點到 12 點，下午又從 1 點到 12 點，整整一天，明天又從 1 點開始。

1. 上午：1 點→2 點→3 點、、12 點；下午：1 點→2 點→3 點、、12 點。
2. 一週：星期一→星期二→星期三→星期四→星期五→星期六→星期日
   第二週又星期一、、、→星期六→星期日。
3. 季節的變化，一年有四季：春→夏→秋→冬，下一年也是春→夏→秋→冬。
4. 一年，一年有聖誕節，明年也相同的時間會有聖誕節，每年都有聖誕節的來臨。
5. 對幼兒最重要的是一年一度的生日，是每年最重要的一天，幼兒園會舉辦吃蛋糕慶祝大家過生日。

（三）四季循環

　　大自然中能看見規律變化的現象，如一年有四季春夏秋冬的變化，每

年都是循環發生，為讓幼兒感受四季的循環，自然界景色的變化可用樹葉變化來代表四季的更替。使用葉子呈現春夏秋冬變化的情形，幼兒可以看到一年有四個季節，而四個季節每年會重複出現。四季的變化利用四種不同顏色的葉子作代表，隨著不同的季節的變化，排列出四種葉子的樣式，除幫助幼兒瞭解原來四季的變化也是大自然的節奏，更是自然界樣式的呈現。

1. 四季想像活動 - 我是一片樹葉

引起動機的部份，教師可能設計四季葉子變化的活動，讓幼兒認識四季的變化是大自然界中的一種規律。以想像活動讓幼兒假扮為葉子，教師放音樂或以口令引導幼兒作出葉子不同季節的變化的動作。例如，

當春天來時，我是一片綠樹葉。（高高掛在樹上，手舉高墊腳尖）

當夏天來時，微風吹來，我輕輕擺動。（左右搖晃）

當秋天來時，強風吹來，我被轉得頭暈暈的，快被吹到地上。（轉圈並左右大大的晃動）

當冬天來時，我冷得掉到地上成了落葉。（趴在地上，身體縮起來）。

2. 四季葉子樣式排列

四種葉子的排列，四種不同的葉子代表樣式單位的元素：綠 - 黃 - 紅 - 褐色代表春夏秋冬的變化，四個顏色又是四季變化樣式的基本單位，讓幼兒排出三年的季節變化，就把樣式的單位延續三次，三年四季葉子變化的樣式，如下圖。

3. 葉子增長

　　若要進行稍微挑戰幼兒推理能力，可以用葉子來介紹簡單的增長樣式，如上面的葉子的活動，排列葉子時將葉子排成一直線，看出是重複樣式。「我是一片樹葉」的活動，可用葉子教增長樣式，從活動中讓幼兒去探索葉子的數量，啟發他們瞭解葉片的增長是有規則的。若排列的樣式要延伸下去，幼兒也知道如何增加葉子而作延伸。

準備材料：每位幼兒一片樹葉（到園地找最喜愛的一片樹葉）

教具：畫一顆樹、樹葉（綠、黃、紅、枯葉）四種顏色，每種顏色各十片

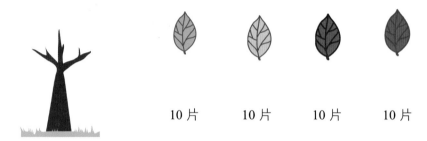

10 片	10 片	10 片	10 片

　　在引起動機方面，老師帶幼兒到教室外的遊樂場或到公園找樹葉檢樹葉，回到教室引導幼兒觀察葉子，問他們發現什麼？如葉子的不同，那裡不同？再請幼兒將葉子分類。接著帶幼兒討論大自然四季變化葉子也跟著變不同。這時可以用故事帶入情境，使教學活動變得更有趣。

4. 葉子長出來（增長樣式）

　　老師先在白板上畫一棵樹，如左下圖。老師講故事當作情境：

　　教師在白板上畫一顆樹，說：「經過了冬天，樹葉掉光了，春天來了如果你是一片樹葉（每人發一片樹葉）你會長在這棵樹的哪裡？請你貼上去，並說說看為什麼？」

　　樹一年四季隨著季節不同，樹葉的變化也不同，老師在白板上任意畫四棵樹，邀請幼兒貼上樹葉，因為四季的循環春天、夏天、秋天、冬天反覆出現在生活中。接下來讓幼兒練習簡單增長樣式，每一次增長一片葉子，葉片逐漸增加，主要讓幼兒瞭解增長樣式的元素也是有規律的增加，如果每次增加一片，下面的範例設計教學，可以從冬天開始，冬天後，經春、夏、秋，幼兒感受到葉子有增加的現象。而老師要強調每次只增加一片，並說明每次增加一片的增長。

　　冬天快結束時，葉子快掉光光了，樹上只剩下三片枯葉，不久春天來了，樹上開始長出新葉，老師邀請幼兒拿著春天的綠葉到白板上，在樹上貼上綠葉，老師引導幼兒，新葉要長得比枯葉多一片，請幼兒在樹上貼上新葉。接著，老師再請另一位幼兒上面，貼夏天的樹葉，同樣，提醒幼兒，夏天的葉子要比春天的葉子多一片，以此類推。

圖4　四季葉子增長圖

　　幼兒用葉子貼好每棵樹之後，請他們去計數每一棵樹的葉子有幾片？葉子數量數下來排列出、春天綠葉 5 片、夏天葉子 6 片以及秋天變紅的葉子有 7 片；冬天的枯葉 8 片，四季的葉子數量變化是 5-6-7-8。從左到右每一棵增加一片。教師也可以持續把樹木及葉子貼上去，讓幼兒看到葉子數目有規則的增加。

5. 葉子要排隊 - 直線增長樣式

老師將四種顏色的葉子排成一直線，不同葉子排列的數量不同，先讓幼兒觀察老師排列葉子的樣式，再問幼兒：「接下去排什麼顏色樹葉？」也問他們那種顏色的葉子數量在增加？然後，請幼兒再依他們所看見的延伸樣式。

綠　黃　紅　枯　綠　黃　紅　枯　枯　綠　黃　紅　枯　枯　枯

學習單：試下面的樣式，看那種顏色的葉子在增加？

此外，也可以利用葉子作延伸的活動，下列兩個活動是樣式延伸活動：

6. 葉子排隊

以團體活動分 3 組進行，每組桌子中間放 4 種（綠，黃，紅，枯）顏色的色紙葉子各 3 張，請第一位幼兒設計一組樣式（例如黃紅枯綠），請該組隊員依其完成，（第二位拿黃色葉子接，第三者拿紅色葉子排列）直到每位都能排列樹葉樣式，完成後，放在桌子中間。3 組排完樹葉樣式，大家到各組觀察葉子樣式不同的排列組合。

7. 花圈與印地安帽

將認知領域結合美感來學樣式，除讓幼兒有創作的機會外，也可從中學習到整理數學訊息。老師提供紙條，將紙條圍一個圓圈，再將葉子粘貼在圓圈上，以樣式排列的方式排出不同的圖案。每人有一條長紙條（適合幼兒頭圍），給 4 種顏色的葉子各 2 片，讓幼兒自己設計葉子排列樣式的

花圈及印地安帽，幼兒將葉子貼在長紙條上，貼好完成後，請幼兒分享自己設計的花圈及印地安帽。

(1) 頭圈樣式

A. 先把葉子依重複樣式排成一直線。

B. 線的兩邊接起來成為頭圈

圖 5　葉子頭圈

(2) 印地安帽

A. 選擇葉片長一點的葉子，把葉子串成一條重複樣式的直線

B. 用手拉緊兩邊的線，讓葉子集中在中間，再把它戴在幼兒的頭，成為印地安帽

圖 6　印地安帽

第三節　玩遊戲找樣式

　　以動態的遊戲帶入數學樣式較能吸引幼兒學習，遊戲的方式分團體競賽與個別比賽活動。團體競賽的方式適合在一開始樣式教學，若要加深樣式概念的學習採用個別活動。以下舉例說明，以「投籃」遊戲帶入樣式概念教學：

一、投籃學重複樣式

（一）投籃認識樣式

準備教材

1.3 種顏色球

　　3 種顏色的球各 - 紅、黃、藍（每人 1 個球）

2. 圖片：

　　1. 畫籃子圖片：預備好紅黃藍三種顏色籃子的圖片或在白板上畫三個紅黃藍的籃子。

　　2. 圓形圖卡—紅、黃籃

　　全班幼兒分成 2 組，將紅球投入紅色籃子，黃球投入黃籃，投入的幼兒自己拿一個●，放入紅色籃子，●放入黃色籃子。兩組輪流投完之後，看那一組獲勝，請獲勝組的幼兒拿圖卡，在白板上貼上該組顏色的圓形圖

卡。

問那組獲勝？擺在第一個位置：（如黃色獲勝）。

1. ？？

老師問幼兒：接下來要擺什麼球，才能一直重複的出現呢？

幼兒排出相同的黃紅球時，老師可以告訴幼兒這就是 " 重複樣式 " 為什麼叫重複樣式，因為排列第一次黃紅球時，再排第二次時，還是要排黃紅球，黃紅球一直排下去，排成一排，黃紅球叫一個單位。排列出來黃紅黃紅黃紅黃紅一整排，請幼兒出來畫單位把黃紅為一個單位在一整列中標出來。

2. 請幼兒出來畫單位，問幼兒 " 小單位在哪裡？ "。

3.

幼兒標示單位之後，如上面。老師再告訴幼兒，指出樣式是一種有規律有秩序，而且可以反覆排列，在排列時，可以知道下一個要排甚麼顏色，也就是樣式排列中單位會不斷的出現。

（二）團體競賽排樣式

1. 全班分成三組，分別投入不同顏色的球進入大的籃子。
2. 投入者，自己拿一個色卡圖形，貼入紙籃內。

3. 獲勝者那對顏色排第一，以此類堆。

4. 找出小單位，並接下去排列。

5. 老師故意排列錯誤，請幼兒糾正，再問那裡排錯？

6. 找出錯誤，並拿出排錯誤的球。

7. 填入哪種顏色的球，才是正確呢？

　　畫出小單位，把空白的地方放入合適顏色的球排列出樣式。

（三）停！曲線三色球

　　以 3 種色球，分別貼在曲線上排出樣式，讓幼兒手拿三色球的貼紙，輪流上去貼，看誰貼到最後一個就是贏家。如圖 7 三色球

在過程中老師提示幼兒要：

1. 須注意方向延續路線

2. 畫出小單位

3. 把球排滿曲線

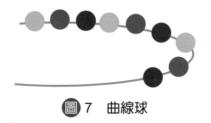

圖 7　曲線球

（四）你來排，我來接（團體活動）

　　圓形三色球由 3 位幼兒各拿一色球排列出，其它幼兒接下去，把球擺在教室周圍，排完後請全體幼兒發現，有樣式嗎？　如圖 8 三色球樣式

1. 哪裡排錯了？
2. 有規律的排列嗎？尋找樣式
3. 到那裡是個小單位？辨識樣式畫出單位
4. 找第二個單位在那裡？延伸樣式。
5. 原來這是樣式。

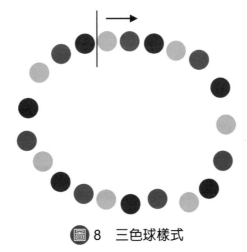

圖 8　三色球樣式

（五）動動腦找數字樣式

　　數學樣式的學習是一種代數的奠基，學習代數之前幼兒要有表徵的能力，從學樣式進入代數概念學習，能幫助幼兒具有數字符號表徵的能力。當幼兒透過上面的團體比賽後，帶領幼兒學習用數字符號代表不同顏色的球，如下圖：

　　數字帶入色球，應該怎麼排呢？請幼兒練習。

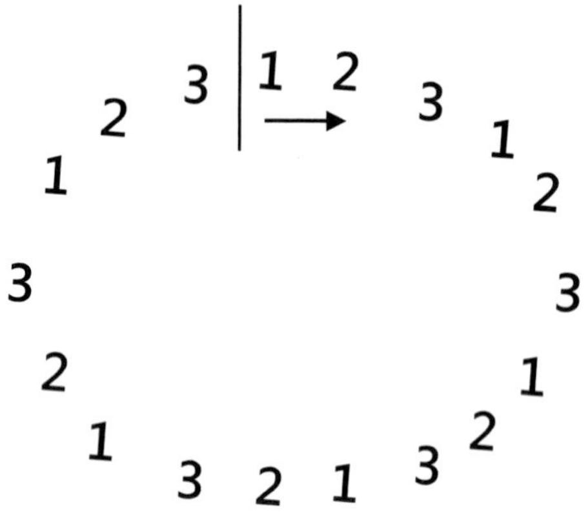

3 1 2

2　3　　3

1　　　　　1

　　　　　2

3　　　　　3

2　　　　　1

1　　　　2

3　2　1　3

圖 9　數字樣式

　　當幼兒完成上面的數字樣式後，幫助幼兒作統整。教師引導幼兒先找出樣式單位，當幼兒標出樣式單位後，問：「總共有幾個樣式單位？」再問：「這個數字圓圈總共有幾個 1 ？幾個 2 ？幾個 3 ？」。教師的統整數字樣式圖能幫助幼兒有系統有方向的記錄訊息。

第四節　肢體活動秀樣式

　　透過肢體活動學樣式是讓幼兒在課堂上學習樣式外，還可以活動筋骨。教學中設計動一動學樣式的活動，除幫助幼兒練習統合大肌肉與小肌肉達到協調的同時，也讓幼兒動動腦學樣式會讓幼兒覺得更有趣。教師用肢體動作幫助幼兒學習樣式，也是在「動中學」除讓幼兒覺得學習是一件有趣的事外，同時，教師利用肢體動作學樣式，可運用在課程轉銜時，或在班級經營中引起幼兒專注，例如，為讓幼兒能靜下心來進入新的學習，或幼兒已經無法靜坐下來上課時，可運用肢體樣式吸引幼兒專心學習。

　　一開始先用簡單的動作來教樣式，例如拍手、拍手、拍肩、拍手、拍手、拍肩、拍手、拍手、拍肩…，老師問幼兒：「請問剛剛的節奏中發現什麼？」「是不是拍手、拍手、拍肩一直在重複？」，這個『拍手、拍手、

拍肩』就是一個單位，如果用圖片來表示，假如說拍手是紅圓、拍肩是黃
方，就變成：

這樣反覆的在做一個動作，我們就稱他為是樣式，又稱為型式。

如果改成『拍手、拍手、拍肩、摸頭、拍手、拍手、拍肩、摸頭…』
摸頭為三角，我們在把三角形擺上去：

因此，樣式教學首先要尋找規律，有了規律之後，就可以設計一個樣
式單位，就是讓幼兒看到有一個很有規律單位在重複出現，幫助幼兒學習
樣式。另外，師生的互動加深幼兒學習效果，老師邀請幼兒加入活動，**讓
幼兒動一動**。

一、請你跟我這樣做 - 學樣式

為帶動幼兒參與活動比較容易的是由老師邀請幼兒一起跟著做動作，
老師下指令：「請你跟我這樣做！」老師帶出動作，如先摸一下頭再拍兩
下手。接著，再摸一下頭，再拍兩下。接著用動作來表徵

1. 摸頭 - 拍手 - 拍手 - 摸頭 - 拍手 - 拍手 - 摸頭 - 拍手 - 拍手
   作完動作時，問幼兒接下去會是什麼動作？
   如老師想再換動作，改成踏步及拍手，老師的節奏如下：

2. 踏步 - 踏步 - 拍手 - 拍手 - 踏步 - 踏步 - 拍手 - 拍手 - 踏步 - 踏步 - 拍手 -
   拍手

   上述的動作，老師引導幼兒覺察那個動作是一再出現？那個動作再重
複出現。若幼兒不是很清楚，可以一邊做動作，一邊唸出。接著，老師可
以請一位小朋友當「小老師」上來帶動作，但一樣要持續相同的動作後，

再輪流邀請其他的小朋有輪流當小老師上來示範帶動作。

二、動作結合符號練樣式

樣式除了用圖片來排列及動作來呈現之外，也可以利用符號來代替。例如♩代表拍手，X代表踏腳，依下面符號若是拍子，打出節奏。

1. ♩X♩♩X♩♩♩X♩♩♩♩X♩♩♩♩♩X

拍手踏腳-拍手拍手踏腳-拍手拍手拍手踏腳-拍手拍手拍手拍手踏腳-拍手拍手拍手拍手拍手踏腳

2. ♩X♩XX♩XXX♩XXXX

帶領幼兒發現♩在沒變，而X改變都在增加1個。

它是小單位♩X作延伸。再試試下面的

教師提醒幼兒去發現拍子哪裡有不同？

三、動作連結數字學樣式

幼兒配合具體看得到的符號作出動作外，也可以將符號改成數字，幼兒依照數字作出肢體動作。當出現下列一連串的符號時，老師要問幼兒看到什麼樣式？

♩♩XX♩♩XX♩♩XX 摸頭摸肩膀拍手拍手，延伸的樣式如下：

♩♩XX♩♩XX♩♩XX♩♩XX♩♩XX♩♩XX♩♩XX♩♩XX♩♩XX

先問幼兒樣式單位是什麼？然後，告訴幼兒把符號改成數字，如以1代表頭；2代表肩膀；3代表拍手（二次）動作。

動作的樣式：摸頭摸肩膀拍手拍手-摸頭摸肩膀拍手拍手-摸頭摸肩膀拍手拍手

若再用數字代替，如♩代表1；♩代表2；x代表3

♩♩XX♩♩XX♩♩XX♩♩XX♩♩XX♩♩XX♩♩XX♩♩XX♩♩XX

依據上面的樣式，以寫出來就是123312331233 老師把數字樣式寫出來後，再請幼兒根據數字的樣式作出動作樣式：

摸頭摸肩膀拍手拍手 - 摸頭摸肩膀拍手拍手 - 摸頭摸肩膀拍手拍手

四、歌謠學音符樣式─小蚊子

除了動作找樣式外，利用歌謠配上活動可以教出好玩的樣式活動來。
教師先作一隻簡單的蚊子，如下的材料
準備：蚊子紙翅膀（班級人數）每人 1 隻
蚊子紙翅膀製作：用一般圖畫紙剪成下列的形狀（對稱剪）如下列左圖，
中間貼雙面膠合起來像下列右圖。合起來請幼兒伸出右手中指，老師幫幼
兒雙面膠合著黏住當蚊子，玩蚊子飛遊戲。

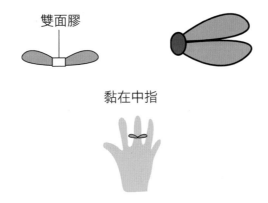

教具：♩音符圖卡，樂器─鈴鼓一個
簡單律動：♩X拍手一下休息一下（雙手打開）
a. ♩X ♩X ♩X
b. ♩♩X X ♩♩X X ♩♩　c. ♩♩♩X X X ♩♩♩X X X ♩♩♩X X X

引起動機：如果你是一隻蚊子，你會令人生氣嗎？為什麼？有被蚊子咬過
的經驗嗎？結果會怎樣？蚊子會發出什麼聲音？蚊子喜歡什麼時候出現？
團討：要如何才能消滅蚊子？蚊子會住在哪裡？怎樣才能避免再滋長？如

何隔離登革熱病患？

活動一：

1. 發蚊子翅膀給每位幼兒，貼至幼兒食指上。

2. 到處飛舞，嘴巴 " 嗯 " 發出聲音。

   往前飛，飛往高處，往低處飛，自轉一圈

   聽到 " 碰 " 一聲，表是被拍到，就要馬上倒地

3. 停在別人身上，" 拍死蚊子 " 碰

4. 停在自己手上，碰，自己拍蚊子

活動二：教唱兒歌

　　　小蚊子　小蚊子 飛 X　　　　♪X

　　　小蚊子　小蚊子 飛飛 X　　　♪♪X

　　　小蚊子　小蚊子 飛飛飛 X　　♪♪♪X

　　　小蚊子　小蚊子 嗯 ～～～～ X　死翹翹

活動三：展示　　♪X　　音符（拿下兒歌字卡）

　　　　　　　♪♪X

　　　　　　　♪♪♪X

　　♪X♪♪X♪♪♪　X♪♪♪♪　X？？？

　　　請問幼兒發現了什麼？接下去要排什麼？ 接下去該排什麼？才是增長重複樣式？為什麼要這樣排法？

　　　小蚊子歌謠符號延續樣式排列，老師可以設計如下圖的學習單，讓幼兒練習。

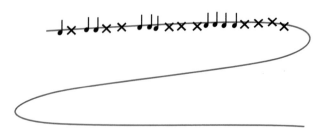

六、跳房子學樣式

身體動一動學樣式，除了在教室內學習外，在遊樂場老師也可以設計大肌肉活動讓幼兒學習樣式，舉例如設計跳房子活動，把樣式概念帶入活動中，讓幼兒在玩遊戲時也能發現樣式。以簡單重複樣式設計房子的樣式內容，如下圖，以簡單重複樣式單位內有兩個元素，分別以相鄰的方式重複出現，如 AABB 的方式顯示，下圖顯示兩個黃格子及兩個藍格子各重複兩次，如果要延伸樣式下去，房子的長度可依重複出現的原則再增長。活動進行時，藍色格子的部分要幼兒用兩隻腳跳；白色的部分要幼兒單腳跳。進行跳房子活動之前，老師先引導幼兒作觀察，先發現那種顏色的格子會如何重複出現？老師也引導幼兒辨樣式單位，瞭解那一些是一再出現的，並請幼兒標示樣式單位。之後，老師帶領幼兒討論如果要把房子蓋高一點，接下去應該增加那一種顏色的格子？即依照樣式教學的模式來引導幼兒學習樣式。

圖 10　跳房子

故事融入幼兒
數學樣式教學

第一節　故事連結幼兒數學樣式教學

　　教保服務人員在課堂上以故事連結樣式教學時，可以強化幼兒樣式推理能力，以故事作為解題的脈絡而提升幼兒數學理解能力，反而能避免背誦學習。以故事引出樣式概念，有兩種途徑可以採用。一種是以自編故事方式帶入樣式概念；另一種善用繪本故事作引導。以故事為脈絡教學後，還可以安排樣式延伸活動，延伸活動可以配合不同性質的故事連結其他領域教學，如連接美感活動；或者加入操作練習的活動，以加強樣式概念的建立。本章將提供樣式連結故事教學的範例，作參考。

　　故事引入教學時，對於數學樣式的概念要很清楚掌握，如先要瞭解重複簡單樣式及增長重複樣式的特性，才能進一步引導。幼兒樣式學習要從簡單重複樣式開始，簡單重複樣式的特性是樣式由單位的元素組成，而每一個元素都不一樣，但是樣式的單位會重複出現。例如，樣式□○□○□○□，它的樣式單位是□○，而□○會重複出現。以下提供十二個範例，說明結合故事教樣式的方式。引用的故事分兩類，一類來自繪本改編，另一類是自編的故事。

第二節　故事樣式教學範例

一、飯糰呀！滾啊滾！

二、阿明的菜單

三、造一座彩虹橋

四、小水滴的旅行

五、太陽和月亮

六、白鵝農莊

七、聖誕燈飾

八、照顧

九、△的魔法

十、青青草原

十一、勇敢小火車

十二、逛園遊會

故事教學範例一

飯糰呀！滾啊滾！

重複樣式

● ●

準備：故事—飯糰呀！滾啊滾！

教具：圖片—飯糰 5 顆 🍙 🍙 🍙 🍙 🍙
　　　圖片—蘋果 5 顆 🍎 🍎 🍎 🍎 🍎
　　　圖片人物— 1 位老公公、1 位老婆婆、3 隻小老鼠

活動一：說故事

故事內容：飯糰呀！滾啊滾

　　一對老夫妻住在村莊裡，每天中午太太會幫老公公準備一顆飯糰、一粒蘋果當午餐，老公公早上到田裡種菜，中午就在樹下休息，今天依然在樹下休息，當他拿起🍙時，一不小心掉到地上，然後滾到樹下一個洞裡去了，老公公用手伸進樹洞，探看看可不可拿回來：「拿不到怎麼辦呢？」肚子咕嚕咕嚕的響（請問幼兒該怎麼辦呢！）這時候，老公公看到旁邊有一個山洞，他好奇的就沿著路順著走進山洞。突然，聽到裡面傳來 "飯糰呀！滾阿滾，好想再一個" 好響亮的歌聲，喔！原來飯糰滾到這裡來，被 3 隻老鼠拿走了，因為他們正在慶祝，忽然間滾進一顆飯糰來，也因為老鼠們好久沒吃到好吃的東西，看到飯糰以為是天上掉下來的禮物，卻不知道那是老公公掉的。老公公看到他們這麼高興，也不敢要回飯糰，正當轉身要回去時，三隻老鼠過來跟老公公打招呼，並且知道飯糰是老公公的，就向老公公道謝，並送上一箱銀幣酬謝老公公，老公公非常客氣的拒絕。

老公公希望以後，他多帶點飯糰來分享給他們，大家成為好朋友就好，老鼠們圍著他說"太好了！下次您工作累了，來樹下休息，我們跳舞唱歌給您聽和看，跟您作伴！"老公公："太好了！"就這樣，老公公高高興興的一路走回家，並且告訴太太當天發生的事情。以後，老公公常帶著老婆婆做好的飯糰來分給老鼠們吃！大家都歡歡喜喜的在一起吃飯糰。

　　故事講完後，老師帶入樣式教學，老師先在白板上排列下列的圖，再一步步的引導幼兒學樣式：

活動二 帶入樣式教學

一、尋找樣式

1. 老師問：「上面排列的飯糰和蘋果請問你們發現什麼？」

2. 老師引導幼兒看上面的排列有沒有很特別？ 但當幼兒未發現時，老師可以請幼兒唸唸看！

3. 老師說：「可以唸唸看！飯糰 - 蘋果 - 飯糰 - 蘋果 - 飯糰 - 蘋果，說說看！上面的有很特別一樣或不一樣的地方？像上面這樣有規則的排列，就是樣式。」

二、辨識樣式單位

1. 老師問：「看看哦！飯糰後面跟著是蘋果，蘋果之後又出現什麼？要排什麼呢？是排飯糰？還是蘋果？」

2. 老師引導注意到飯糰與蘋果重複出現：「有沒有發現飯糰和蘋果是不是一直出現？飯糰與蘋果就是上面樣式的 單位 」。

三、標示樣式單位

　　老師介紹樣式單位後，請幼兒上台把樣式單位標示出來。老師邀請一位幼兒到白板來，請其他幼兒，舉起手來跟著畫出單位。

　　老師說：「我們請一位小朋友上台幫我們找出單位，而且要把它標出來，其他小朋友，請用你們的神仙筆（手指頭）跟著畫看看，看上台的小朋友畫對了嗎？」

標示單位的方式，老師以尊重幼兒使用不同的方法，如有的幼兒在單位之間畫直線把連接的單位隔開來表示，有的把單位圈起來，或者有的可以在單位的下面畫底線，各有不同的表現方式，但重要的是教師要注意幼兒要標示正確，完成標示單位的任務。

四、臆測樣式

單位標示正確之後，老師為瞭解幼兒是否能正確瞭解樣式中單位的數量組成會影響樣式的排列。接著的任務是讓幼兒猜測接下去應該是那一個元素出現？老師可以設計「你設計我來接的活動」，如下：

1. 你來設計（利用🍙🍎）我來接活動

上述的排列請幼兒猜猜下一個樣式單位應該是什麼？猜完之後，請一位幼兒上台排排看，再由另一位幼兒接下去排。

2. 老師故意排錯（樣式），讓幼兒發現錯誤，再由他們作更正。

五、延伸樣式

當幼兒臆測樣式正確，也就是幼兒知道接下出現的單位是什麼時，對排列錯誤也會更正。這時教師可以設計學習單，讓幼兒練習延伸樣式。例如圖 11。

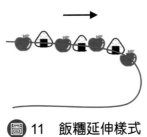

圖 11　飯糰延伸樣式

故事教學範例二

阿明的菜單
重複樣式

● ●

準備故事： 阿明的菜單

教具：圖片—蘋果 🍎🍎🍎🍎🍎

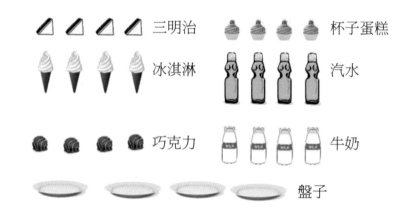

引起動機：每天早餐你吃什麼？大家來說說看看每次早餐媽媽都會固定的準備什麼？

活動一說故事

故事內容：阿明的菜單

　　晚餐時間到了，媽媽叫阿明吃晚餐，阿明躲在房間裡看卡通，一直不出來，媽媽問阿明為什麼不吃晚餐，阿明回答：「我不想吃，也不喜歡吃。」媽媽說：「既然你覺得不好吃，那明天由你來做飯給我們吃。」

隔天一大早，阿明好高興，跟爸爸去超市買菜，阿明設計：

早餐菜單—餅乾、軟糖配汽水

午餐菜單—巧克力、冰淇淋、杯子蛋糕、甜甜圈

晚餐菜單—薯條、漢堡、可樂、軟糖

　　菜單上，滿滿都零食，阿明好高興，回家開始很滿意地吃起早餐，還一邊看電視，他非常得意，因為這些都是他的最愛，相信爸媽也會很喜愛。

　　午餐時間，阿明推出了滿是零嘴的食物，爸媽仍然沒吃放在桌上，阿明又滿意的吃起午餐。下午午休時間，他夢見自己的牙齒掉光光，不能說話，不能吃東西，很害怕的醒過來，肚子開始覺得痛，且想吐，又有點反胃，而且還有汽水糖果沒吃完！

　　晚餐時間到了，媽媽在廚房做菜，香噴噴的飯菜，阿明問媽媽為什麼不叫他來吃晚餐呢？媽媽說：「你自己有菜單阿！怎麼不吃了？」阿明告訴媽媽：「因為零食太甜了，反胃到想吐，以後再也不吃了，媽媽煮的每頓飯，我會好好吃完。」隔天早上，阿明跟著媽媽一起去超市買菜了！

活動二：偏食的害處

　　根據上面的故事，老師帶幼兒討論，問幼兒家裡有放什麼樣的零食，

什麼時候爸爸媽媽允許吃零食？為什麼？零食跟健康食物不同在那裡？吃了零食會怎樣？吃多了對身體有什麼影響？

活動三：食物圖形聯想

老師把○△□畫出來，因為食物太多了，要把食物作歸類，所以用圖形來代表食物。老師說明後，邀請幼兒想像及分享，並且整理好後，排列在白板上，例如：

有什麼食物想起來像○—蘋果、蛋、漢堡…

有什麼食物想起來像△—飯糰、三明治、披薩…

有什麼食物想起來像□—起司、餅干、牛奶、豬排…

活動四：食物樣式排列

一、尋找樣式

老師請幼兒上台，問：「早餐你吃了什麼？放在盤子上依照 1 號盤子，幫大家設計早餐。老師把圖片 ◢ 🍔 🍶 貼在白板上，請幼兒依序貼上。

1　　　　　2　　　　　3

再請第 2 位幼兒，放在第 2 個盤子，第 3 位放第 3 個盤子，準備為大家的早餐喔！

二、辨識樣式單位

當幼兒把三個盤子的早餐排好後，老師引導幼兒觀察三個盤子所放的食物有什麼特別的？

1. 請問你發現了什麼？這時老師用▲代替三明治；●代替漢堡；▋代替牛奶

2. 分別放在一個盤子上面的食物，每盤都放▲●▋的食物，數量一樣，而且都在重複。因為每一個盤子的食物都一樣，一個盤子就可以稱為<u>樣式單位</u>。

三、標出樣式單位

老師請幼兒上台在白板上把一盤盤的食物用線畫開，請一位幼兒用線來劃出單位，找出單位。

四、臆測樣式

幼兒標出樣式單位後，老師邀請幼兒上台，讓他猜測最後兩個盤子缺了什麼食物？打？的地方應該放那一種食物？

五、延伸樣式

幼兒放對食物在空盤子上面後，老師告訴幼兒還有三個盤子食物沒放上去，我們大家來幫忙把食物擺上去，而且要放對食物，這樣設計的早餐大家才夠吃。

活動五　延伸活動

老師鼓勵幼兒自用圖形設計自己的午餐，讓簡單重複樣式有變化。

一、利用圖形設計午餐，請一位幼兒設計第一盤

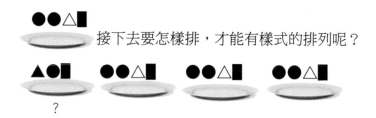

接下去要怎樣排，才能有樣式的排列呢？

二、請一位幼兒用線來劃出單位，找出樣式單位及標示樣式單位

活動六、變化菜單

設計菜單（早、午餐、晚餐）讓幼兒設計三餐要吃的食物，請幼兒依據設計的餐食有規律的排列出來。

老師先把盤子排列出來，排列時引導幼兒觀察盤子排列時，每三個就會換不同的方向，而且為了接下去，每一盤的食物第一個都要一樣。

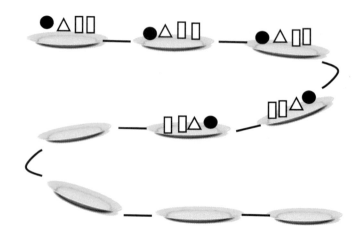

　　當幼兒在盤子上面擺放食物時，老師要提示幼兒注意方向線，讓幼兒畫出樣式單位。最後，老師幫助幼兒統整一下，總共有幾天的早餐、午餐與晚餐的菜單？

故事教學範例三

造一座彩虹橋
增長重複樣式

●●●●●●●●●●●●●●●●●●●●●●●●●●●●

活動一：說故事

準備故事：造一座彩虹橋

教具圖片：畫木橋

　　　　　動物圖片：小兔子、小羊、牛哥哥、小豬、大象、

　　　　　人物：小妹妹、哥哥

故事內容：造一座彩虹橋

　　老師一邊說故事，一邊展示圖片，增加故事趣味性。

　　東村西村中間隔著一條河，來來往往一定要經過這座橋，有一天，小兔子走過橋時，一不小心摔了一跤，正要爬起來時，發現橋上有一條縫"啊！裂了一塊，下次經過要小心喔！"小兔子拍拍腳，摸摸屁股走過去了。小豬走到橋上，看看遠方，發現站在中央可以看到好美的風景，有雲有涼風，可真舒服，經過裂縫時，輕快的跳了過去。牛哥哥拉了一車子的石頭，準備從西村拉到東村，嘿喲！嘿喲！的推著車子。哇！突然間，輪子卡在裂縫上，石頭也掉下來了，裂縫破得更大一個洞，牛哥哥摸摸頭說：「破了一個洞，沒關係吧！大家應該看到的。」拉著車子也走過去。

　　羊小姐用優美的姿勢，大步的跨了過去，裝作沒看見，馬從東村來到裂縫上，從洞裡往下看：「哇！有螃蟹耶！這條河真好，可以抓螃蟹。」哥哥要上學，姐姐去上班，每天都有人在橋上走來走去，就是沒人願意修

好橋，裂縫越來越大了，嘩啦嘩啦啦下大雨了！河水又大又急，最後，這座橋被沖斷了！

糟糕，東村村長太太生小寶寶，需要到西村找醫生，西村哥哥要到東村上學，隔壁王媽媽要去東村照顧阿公，怎麼辦呢？好著急！東村大象叫：「大家快來搬大木頭，把橋要先接起來！」大家分工合作，不久，東村西村重新蓋了一座彩色的橋，橋上顏色好美，常常有人輪流維修，再也不用擔心橋會斷！

活動二 引導學習增長樣式

講完故事後，老師發給幼兒紅黃藍綠四種不同顏色的色紙，每個人拿到的色紙後，再讓幼兒依不同的組（A 組是紅色及綠色；B 組是藍色及黃色），老師在白板上面畫上兩條平行線，請幼兒輪流上去貼色紙，老師以增長樣式的規則引導幼兒貼色紙，完成一座增長樣式的彩色橋。

一、尋找樣式

老師邀請大家來造一座彩虹橋（老師設計，樣式排列），將全班的幼兒分成 2 組，先將色紙放在各組的桌上，說明 A 組把色紙貼在藍色的緞帶上，B 組的色紙貼在紅色的緞帶上。貼的時候要依照規則，而且老師引導幼兒輪流將色紙貼在各組的緞帶上。

A 組 ▆▆▆▆▆▆▆▆▆▆▆▆▆▆▆▆

B 組 ▆▆▆▆▆▆▆▆▆▆▆▆▆▆▆▆

A 組桌上 2 種顏色色紙 ▌▌（▌增加 ▌不增加），老師說明，A 組的幼兒貼時候，每次都要貼完紅色，接著貼綠色色紙，輪貼流貼綠色色紙時，一次只能貼一張；拿紅色貼紙貼時，除了第一次只有貼一張外，後面要再貼紅色色紙時，要比先前貼的人多一張紅色色紙，例如，前面已貼一張紅

色色紙時，接下去的人要貼二張紅色色紙。

B 組桌上 2 種顏色色紙 ▌▌（▌增加 ▌不增加）

A 幼兒在藍緞帶上貼出樣式排列

B 幼兒在紅緞帶上貼出樣式排列

找出「紅 - 綠」是樣式單位後，老師請幼兒再仔細觀察，並找出與第

二、辨識樣式單位

老師引導幼兒把彩紅橋蓋好後，讓幼兒討論一下，橋上所貼的很特別的地方在那裡？並引導幼兒發現 A 組在貼橋時，每次都要用到 ▌▌，就是每次都用「紅 - 綠」兩個顏色貼起，紅 - 綠兩個顏色就是樣式單位。

三、標示樣式單位

因為每一次開始貼就要用到紅綠兩種顏色的貼紙，老師先示範在 A 組的橋中畫出樣式單位，在第一個紅綠旁畫綠，「紅 - 綠」是樣式單位。

找出「紅 - 綠」是樣式單位後，老師請幼兒再仔細觀察，並找出與第一個相似的單位，再用線隔開來，可以發現第二個樣式單位是「紅 - 紅 - 綠」多一個紅，即 2 紅 1 綠，再接下來的樣式單位是 3 紅 1 綠，若臆測下一個單位會是什麼？可以推論出是 4 紅 1 綠，最後是 5 紅 1 綠

四、臆測樣式

標示完後，帶幼兒探討整列的樣式排列，發現從第二個樣式開始，樣式的單位元素在改變，其中有一個顏色的數量在增加，而另一個顏色貼紙的數量沒有改變。如一開始的樣式單位是 1 紅 1 綠、第二個是 2 紅 1 綠「紅 - 紅 - 綠」再來是 3 紅 1 綠，再接下來的樣式單位，若猜測下一個單位會是什麼？可以推論出是 4 紅 1 綠。

五、延伸樣式

帶幼兒探索到 A 組的橋墩，它的部分請幼兒出來計算，從 1 紅 1 綠延伸到 5 紅 1 綠，若要在延伸就得用 6 紅 1 綠的方式排列出來；而 B 組的橋墩貼的彩色紙先是 1 藍 1 黃，也是第一個單位，第二個單位是 2 藍 1 黃，延伸下去是 3 藍 1 黃、4 藍 1 黃到 5 藍 1 黃，跟 A 組的橋墩排列方式一樣。

活動三：美感創作呈現樣式

這活動主要的共同欣賞自由創作。當兩組完成的橋墩後，展示在美勞角落，供幼兒任意在紙上方加上雲、太陽、小鳥，在橋下畫魚、蝦、鴨……可以變成一幅畫，成為大家共同創造的彩虹橋。

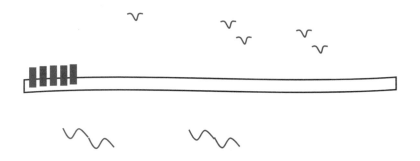

發給幼兒長條色紙（2 種顏色）多張，貼出增長重複樣式，並在橋下加畫喜歡的魚，使人覺得魚兒在橋下悠游！

故事教學範例四

小水滴的旅行

增長樣式

● ●

　　大自然中太陽吸了地上的水滴到空中，而雲因為水滴的關係會變厚變重而下雨，運用這個觀念教增長樣式，延伸到水滴從少少的 2 滴到 4 滴到 6 滴不斷的增多，而增加的過程中水滴的數量是每次都加 2，且一直往上加上去，說明一直有規律的重複加 2，也是樣式的一種，叫增長樣式，本書提供的增長樣式，只有簡單的增長樣式。

活動一 說故事

教具：1. 頭套—太陽
　　　2. 雲 5 朵

故事內容：小水滴的旅行

　　有一滴小水滴住在花園裡，夢想能到天上去玩，問問小蝴蝶：「你整天在空中飛舞，能看到甚麼？」小蝴蝶告訴他：「這裡風景太美了！有樹、花、草，還有小朋友來這裡玩得很開心，看到小朋友們各個笑得合不攏嘴，我也跟著一起跳舞」小水滴好羨慕，又問小鳥，小鳥告訴他：「地面上到處都有新鮮事，你不能只在小花裡，你應該出去旅行，看看不同景色。從空中鳥瞰更能清楚！」小水滴：「請問小鳥如何辦到呢？」小鳥告訴他：「可以請太陽公公幫忙把你吸到天上去，你就能看得更遠更清楚。」

　　小水滴有了太陽公公的幫忙，終於到天上雲層裡看到世界之美，也請太陽公公送他回家，完成了小水滴的旅行，也圓了小水滴的美夢。

活動二：小水滴增長樣式

　　老師說完故事帶活動，說明小水滴要到各地旅行，要先被太陽公公吸到天空的雲裡才行，請大家幫忙。老師以團體遊戲設計太陽公公吸水滴的活動，讓小朋友在課堂中不只有靜態的學習，有時動態的學習增加課程的趣味性。同時藉由動態活動營造同儕互動學習的機會，幫助幼兒玩水滴遊戲時建立信心，也學會增長樣式。

一、尋找樣式

　　引導幼兒學習增長樣式，要找到樣式。在一邊進行水滴吸水遊戲時，要先了解增長樣式的特色。玩遊戲時，先讓一位幼兒戴太陽公公頭套當太陽。

1. 第一位幼兒當第一片雲，太陽發佈司令，只准吸 2 滴水滴到第一片雲。

2. 第二位幼兒當第二片雲，太陽發佈司令 " 太陽公公吸呀吸！吸 4 滴小水滴到第二片雲 "。

3. 第三位幼兒當第三片雲，太陽發佈司令 " 太陽公公吸呀吸！吸 6 滴小水滴到第三片雲 "。

這時候，老師引導幼兒發現到底太陽公公每次會吸幾滴水滴到雲裡？老師問：「是不是每一次都吸兩滴？」太陽公公都很有規則的吸水滴，在這種規則下形成太陽公吸水滴的樣式。

二、辨識樣式單位

老師引導幼兒去發現太陽公公吸水滴時，每次會吸幾排水滴？每次一排，增加的一排兩滴水滴形成水滴樣式的單位。老師問幼兒：「一排有多少小水滴？」就可以知道每一個單位有幾滴水滴？答案是兩滴。

三、標示樣式單位

老師引導幼兒發現每次太陽公公都會吸一排水滴到雲裡。這時請幼兒上台標示出一排排的水滴增長的情形，如此，很明顯的看到水滴增長樣式的單位。

四、臆測樣式

因為增長樣式的數量會依規律增加，當第三片雲吸了三排的水滴之後，接下去由幼兒猜測第四朵雲應該吸幾滴水滴到雲裡？

五、延伸樣式

老師帶大家共同討論全班幼兒都要被吸到雲裡如何分組？先 2 個人扮演第一朵雲，4 個人扮兩排水滴被吸到第二朵雲裡，第三朵由小朋友自己決定要排幾排水滴？依此推論下次，一直增加水滴，直到全班被吸完進入雲裡。

活動三：小水滴回家嚕！

最後活動，老師宣佈：「太陽公公躲起來了，大家趕快回家吧！剩下一位沒位置的，當太陽公公再玩 1 次」。

帶幼兒討論樣式排列的不同

老師總結，可以發現 ▮ 並成一排，每次增加一排，小水滴就增加 2 滴。因此，小水滴數量增長 2、4、6、8、10、12……。也就是每次有規則增加 2 滴，這是增長樣式的單位。這個活動可以幫助幼兒學習二的倍數概念。

活動四 小水滴延伸活動

下列的雲並不是排成一直排，而是排成 S 型，從第一朵雲開始就有三滴小水滴，而第二朵雲有 5 滴，第三朵雲 7 滴小水滴。帶幼兒觀察時，指出最前面出現的一滴水滴不管有幾片雲，水滴都是增加一排，一排有兩滴水滴。從第一朵雲到最後一朵雲，即幼兒要猜測出最後一朵雲共有幾滴小水滴？因此，這一個活動需要幼兒除了找出單位外，更要會延伸樣式，紀錄水滴的增加變化的規律。

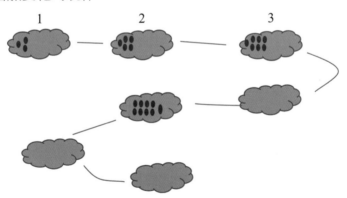

另外，寫出數字增長樣式：寫出第四朵雲、第六朵雲及第七朵雲各吸了多少水滴（由老師唸給幼兒作答）？

3、5、7、 ___ 、11、 ___ 、 ___

故事教學範例五

太陽和月亮
增長樣式

●●●●●●●●●●●●●●●●●●●●●●●●●●●●●●

準備：故事—太陽的好朋友

教具：1. 頭套—太陽 3 個，月亮 3 個，星星 20 個（配合班級人數）

　　　2. ○╳□圖形卡各 10 個

　　　3. 小貼紙 記分用

引起動機：共同討論一天的作息，請幼兒說出從早上到晚上睡覺前的作息，
　　　　　或者帶幼兒討論每天有那些規律的生活，或者引導幼兒發現大
　　　　　自然中，一直再反覆出現的現象有那些？再帶入樣式教學。

活動一：說故事

故事：太陽和月亮

　　太陽每天早上高高掛在天空，再從西方下山，固定的做同一件事已經
好幾萬年了，從來沒有一個朋友跟他作伴，太陽覺得很無聊，地球告訴太
陽：「你可以和風做朋友阿。」太陽說到：「才不要！他總是來去無蹤，
難捉摸。」地球又建議太陽：「那可以和彩虹做朋友阿！」太陽很滿意笑
臉說：「彩虹是很好的朋友，但當我從厚厚的烏雲掙扎出來，她馬上就不
見了，我卻覺得比以前更寂寞了。」夜晚來臨，太陽帶著傷心離開在地平

線的那一端。

　　這時月亮出來了，她孤零零的掛在空曠的天空，也希望能有一位朋友來陪她，地球安慰她，天上那麼多星星都是妳的朋友啊！月亮說：「星星們離我太遠了，根本聽不到我說話。」地球不斷安慰月亮，月亮突然微笑的說：「其實我知道誰是我的好朋友了，每天早上當黑夜結束時，太陽放射出一道黃金般的光芒，我一直很欣賞他，所以他是我最想要的好朋友。」地球說：「這是不可能的，大家都需要太陽，也不能沒有月亮，你們從來不曾離開崗位的。」

　　有一天晚上，月亮實在忍不住對太陽說：「讓我們成為好朋友吧！我可趁著早晨剛開始及夜晚快離開時聊天阿！」所以其實早上抬頭看天空，你能清楚的看見月亮在太陽的身邊，而且太陽高興的照射出光芒比以前更耀眼。

活動二：遊戲學增長樣式

　　幼兒透過遊戲學習增長樣式，老師讓每位幼兒都有屬於自己的頭套（幼兒完成頭套），幼兒戴上自己的頭套之後，開始玩找「好朋友」的遊戲。活動規定每一組都要有找好之後站一起。白板出現圖形○✕□，老師告訴幼兒○代表太陽，✕代表星星，□代表月亮。白板出現○✕□，就要有頭上戴太陽、星星及月亮的三位小朋友站出來排成一行。接著老師請幼兒注意白板排列的圖案，並且依照白板的排列排隊，排對的人才能得分，每排對一次就可得一分，同時，幼兒也可以在白板上貼上小貼紙作記號。

一、尋找樣式

1. 老師先貼出○✕□ 三位幼兒排出來
2. 當白板上出現○✕✕□時，老師請問發生了什麼事，除了三位太陽、星星及月亮外，還要找誰進來？幼兒要會說多找「一位✕星星」進來。
3. ○✕□ ○✕✕□ 兩組排好後，問幼兒兩組不同在那裡？原來重複再找

○╳□，現在多邀請一個星星朋友進來就有╳╳有兩個星星。

二、辨識樣式單位

第一組是○╳□，現在每一組多邀╳朋友進來，起先第一組只有一位星星，現在第二組要比第一組多一位星星，變成○╳╳□，第三組又要比第二組多邀一位星星進來，就變成○╳╳╳□。原來最原始的樣式單位是○╳□，從第二組開始後，每一組都在增加一位星星的小朋友。所以，○╳□是最原始的樣式單位，如依照每一組增加一位星星小朋友，接下去排列的樣式如下：

每一組的成員都有○╳□，而且一再重複，但從第二組開始各組都會增加╳，排出的結果是○╳□ ○╳╳□ ○╳╳╳□ ○╳╳╳╳□ ○╳╳╳╳╳□，中間有一個至少有一個元素（星星）再增加叫增長樣式。

三、標示樣式單位

老師請幼兒上台把單位標出來，教師引導幼兒若看到每一組都有○╳□就把它劃出來，雖然╳會增加。標示單位的樣式如下列：

○╳□| ○╳╳□| ○╳╳╳□| ○╳╳╳╳□| ○╳╳╳╳╳□
用線標示出來的看得更清楚是每一組都是╳在變化。

四、臆測樣式

若每一組的成員都包含○╳□，而且瞭解每一組不同只是╳在變化。當老師說明完後，把樣式排列出來，問幼兒可以猜出下面「？」的地方應該邀請誰進來

○╳□ ○╳╳□ ○╳ ？ ？ □ ○╳╳╳？□ ？╳╳╳╳╳□

五、延伸樣式

上面增長樣式的排列，讓幼兒去補足欠缺的部分，補齊後，老師設計

增長樣式，繼續由幼兒接龍下去，如 樣式○╳□○╳╳□○╳╳╳□○╳╳╳╳□○╳╳╳╳╳□，再接下去一組應該怎麼排？

活動三：太陽月亮星星動起來

　　幼兒看白板排隊學習增長樣式之外，老師可以把學習變成身體動一動的活動。老師引導幼兒看白板上的增長樣式：○╳□○╳╳□○╳╳╳□○╳╳╳╳□○╳╳╳╳╳□的符號，告訴幼兒要把它變成動作，例如把○變成摸頭、╳是拍手、□為拍腳，再依照樣式作出動作，讓幼兒動動身體練習增長樣式。轉換的活動還可以幫助幼兒更深刻理解增長樣式與簡單重複樣式的不同－增長樣式的單位元素會增加，而簡單重複樣式的單位元素不會改變，如幼兒要注意到，拍手的動作會逐漸增加，○╳□（拍手一下）|　○╳╳□（拍手兩下）|　○╳╳╳□（拍手三下），老師進行這個活動時，適時的延伸樣式下去，並且可以回頭再把樣式再重複幾次，且中間不要間斷，也可以讓節奏快一點，讓幼兒有動一動的感覺。

活動四：幫太陽公公妝扮

1. 把下面的圖案，圖 10 大陽公公臉印給幼兒，讓幼兒用色筆完成下面的任務－幼兒幫太陽公公化妝。
2. 先讓幼兒幫太陽公公上色，完成之後。
3. 再問幼兒太陽公公的臉，畫那些圖案？有長方形、圓形及十字符號，空格的地方，待會兒要等小朋友把這些圖案填滿。
4. 老師帶幼兒討論覺察那些圖案出現最多次？那一種圖案出現最少幾次？
4. 當幼兒能明確的回答出圖案重複出現三次的，有長方形及圓形，而「十」字只出現一次。
5. 這時，老師鼓勵幼兒猜猜看？應該在空格上面填什麼圖案？叮嚀幼兒，大家來把「十」字填入空白的格子裡面，再看看圖案是不是有規律的出

現在太陽公公的臉上？

6. 幼兒如果把「十」字填上後，老師引導幼兒去發現會出現那些現象？

7. 如「十」字圖案的數目會增加，且每一次只增加一個，但其他的圖案的數目不會改變，可見太陽公公的臉也是一種增長樣式。

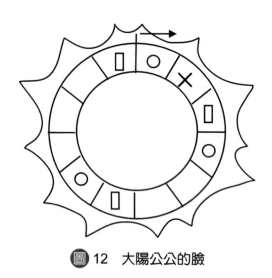

圖 12　大陽公公的臉

故事教學範例六

白鵝農莊
複雜重複樣式

準備：故事─白鵝農莊

教具：

　　　●圖片　█圖片　▲圖片　各準備 10 片（班級人數）

引起動機：圖形的聯想 ● █ ▲ 你會想到什麼？它又像什麼？

活動一：老師說故事─白鵝農莊

故事內容 I：

　　在一個夏天，蘿拉接到一封邀請的信，從白鵝農莊寄來一封信，信中邀請她和 2 位朋友到白鵝農莊來喝下午茶。蘿拉高興的說：「我知道白鵝農莊！好棒阿！有一個大花園和池塘，並且有一大堆好吃的食物，於是蘿拉搭乘一輛簡單重複樣式的火車來了，老師貼上火車，如圖 13。

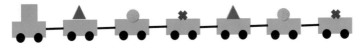

圖 13　簡單重複樣式火車

活動二　復習簡單重複樣式

　　老師帶領幼兒討論：「蘿拉坐的火車車箱上面的圖形排列，能不能看

到樣式？」（**尋找樣式**）

1. 老師問：「樣式單位是什麼？」（**辨識樣式單位**）

2. 邀請幼兒上台找出火車重複樣式的單位。

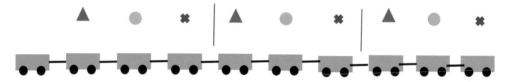

3. 再請一位幼兒上台在白板上，**標示樣式單位**。

4. 老師說：「除了載蘿菈吃的食物外，火車為了運更多的貨，而火車的車箱不足，如果要把車箱接下去，應該補什麼圖形的車箱？」（**臆測樣式**）

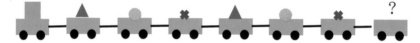

4. 因為白鵝農莊不只邀請蘿菈，還邀請其他的人，他們都帶很多的食物前來農莊，那火車還再增加三節車箱。 老師問：「增加三節車箱的圖案是什麼？」（延伸樣式）

活動三：故事內容 II

　　白鵝農莊除了邀請蘿拉之外，綿羊先生也被邀請，而綿羊不想搭火車去赴約，而是改坐樣式纜車從山上下來參加聚會。樣式纜車，如下圖 14。

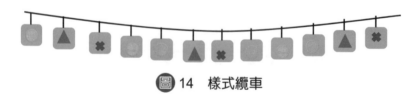

圖 14　樣式纜車

1. 老師請小朋友看看樣式纜車，提問：「纜車車箱上的圖形有沒有規律？」跟樣式火車的圖形排列有沒有不一樣？不一樣在那裡？」（**尋找樣式**）

2. 纜車車箱上圖形的排列很特別的地方，跟樣式火車不同的地方在那裡？

　　它的樣式單位是什麼？（辨識樣式）

3. 請小朋友幫忙找出樣式單位，然後，把單位標示出來。（標示樣式單位）

4. 原來樣式單位是●▲✱

5. 又 ● 在每一個單位中會增加一個，得知纜車的樣式就是增長樣式。（預測樣式），如果要延伸下次，記得每一個單位 ● 比前面的單位多一個。

　　狐狸也來了，他走路到了白鵝農莊，大家把餅乾放入大盒子中，也把巧克力放入罐子，又把三明治放在大盤子裡。

　　其他有果汁、烤餅、牛奶、好豐盛的下午茶就開始了，大家剛坐下來，綿羊開始狼吞虎嚥的吃了起來，一下子把三明治吃光光，又馬上把整罐巧克力拿著，大家看見在他還沒吃完前，趕快搶阿！就這樣，這個下午茶就被搞砸了，好像一場食物大戰！白鵝爸爸說：「你們可以停下來嗎？」大夥兒的臉都紅了，「不應該這樣變成滿地都是食物。」

　　喝完茶，大家決定到樹下休息，狐狸爬上樹不小心把樹枝折斷了，鵝媽媽搖搖頭沒說什麼！心裡卻在滴咕著：「不應該請他們來的！」蘿拉提議：「我們去游泳吧！」

　　綿羊噗通跳進水池裡，所有的水都溢出來了，蘿拉說：「又是綿羊做的好事，貪吃的綿羊。」綿羊知道自己不對，害羞的不敢看大家。接下來午休時間，大家累了，綿羊用柔軟的身體當大家的枕頭，一下子大家都呼呼大睡，綿羊想到自己做錯事，但終於有回饋的機會，心裡就安慰些。

　　就這樣一個下午茶時間就過了，大家謝謝鵝爸爸，離開農莊。

　　冬天來了，有一天一個包裹寄給大家，裡面還有一封信，寫著：「對不起，上次的茶會讓大家很失望。綿羊上」包裹裡是一件白色的羊毛衣，還有綿羊溫暖的味道，蘿拉心裡想著，這真是一隻可愛又溫和的羊阿！不應該都指責他的不是，想著想著！不自覺臉就紅了。

活動五：故事討論時間

1. 老師利用故事情節，討論那些參加聚會時那些行為是受歡迎，那些行為不受歡迎？
2. 接下來老師問：「如果邀請你來參加白鵝農莊下午茶，你會帶什麼食物來？」
3. 如果把要帶的食物在白板上作記錄，再請幼兒說說看那些食物看起來像下面的圖形：圓形、三角形及長方形。
4. ● ▲ ▮

活動六：複雜重複樣式學習

　　幼兒分享三種圖形的食物後，老師將食物分類好，並依圖形來設計下午茶的菜單，老師菜色把變化一下，讓幼兒動動腦！下午茶排列出來的菜單如下：

圖 15　圖形菜單

一、尋找樣式

　　老師設計的圖形菜單，請幼兒去觀察圖形的排列有沒有規則？ 老師提示幼兒「圖形菜單排列的都是由三種圖形組成，有的還會重複出現！」

二、辨識樣式單位

 老師提示幼兒若不看 " ？" 直接看●▲▮，發現這三種圖形會重複出現？讓幼兒瞭解樣式單位是由圓形－三角形－長方形組成的，之後，再告訴幼兒原來這三種圖形就是樣式的單位。

三、標示樣式

●▲▮●●▲▮●▲▲▮●▲▮

找到基本單位之後，再進入第二單個位時，發現圓形 - 圓形 - 三角形 - 長方形，圓形多了一個；第三個單位是圓形 - 三角形 - 三角形 - 長方形，也就是三角形多了一個；第四個單位是圓形－三角形－長方形－長方形，就是長方形多一個，因此，發現組成樣式單位的每一個圖形都會輪流各增加一個，這類的樣式叫「增長樣式」。

四、臆測樣式

?▲▮?? ▲▮●▲▲▮●▲▮▮

老師問幼兒：「上面的圖形排列中，猜猜 ？ 應該排什麼圖形的食物上去，才會完整的樣式」。

五、延伸樣式

●▲▮●▲▮●▲▲▮●▲▮▮這樣式接下去的單位是什麼？

活動七：樣式變身

因為樣式是代數前身，若能培養幼兒未來代數的概念，最基本是學習

符號表徵的能力。老師把圖形轉換成數字，以數字來代表圖形時，對幼兒說明，若是用 3 來代表圓形，5 來代表三角形，7 來代表長方形。

　　● 是 3；▲ 是 5；█ 是 7，將數字帶入圖形樣式時，老師：「我們請圓圓小姐變身為 3；三角形先生變為 5；長方形姐姐變為 7，請大家幫忙他們變身，並且讓他們在舞台上站成一排展示一下，會出現什麼樣式，我們來變變看！」

　　　　　　● ▲ █ ● ● ▲ █ ● ▲ ▲ █ ● ▲ █ █

　　幼兒將圖形變成數字符號後，排列出的數字是 357335735573577，老師請幼兒校正一下圖形變為數字正確嗎？若正確老師就宣佈：「變身成功！」

活動八：填入樣式

　　前面的樣式排列，大都是直線形的排列。為讓幼兒進一步提升推理能力，老師樣式排列非直線的方式，如利用 S 形的排列方式讓幼兒練習增長樣式。

1. 老師邀請幼兒完成圖 16 填入樣式的作業時，先一步一步引導幼兒來完成。老師可以邀請幼兒先觀察最上面一行的樣式排列，再看第二行。最後，再進入第三行的樣式。

2. 首先，老師邀請幼兒去發現圖形排列的規律？圖形是怎麼排的？

3. 老師提示幼兒：「樣式單位是那些圖形組成的？」

4. 再問幼兒：「能不能標出樣式單位？」老師請幼兒先標示樣式單位。

5. 標出樣式單位之後，再請幼兒觀察轉入第二行時，第一個圖形是那一種圖形？是三角形嗎？是圓形嗎？

6. 老師告訴幼兒第二行的圖形排列，排列的方向改變時圖形的排列順序也跟著改變。

7. 當幼兒能辨識樣式單位之後，幼兒能掌握方向改變圖形排列的順序也不

同時，再邀請幼兒猜測□裡面應該填入什麼圖形？

8. 進入第三行樣式時，再提醒幼兒方向又改變了，那麼圖形的排列順序會不會跟著改變？

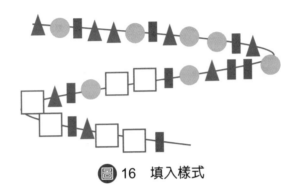

圖 16　填入樣式

　　總之，非直線樣式排列，很重要的是老師要幫助幼兒找出樣式單位，並且標示樣式，因為樣式單位標示出來之後，幼兒比較能看到樣式單位中圖形數量不同的變化情形。同時，老師也要提醒幼兒方向改變圖形的順序也跟著改變。

故事教學範例七

聖誕燈飾
增長重複樣式

● ●

教材：1. 各色色紙 ● ● ● ● ●
　　　2. 聖誕老公公布偶
　　　3. 長條彩帶、細繩

引起動機：聖誕節來臨，希望聖誕老公公送什麼禮物給你？

活動一：說故事

故事內容：聖誕老公公的禮物

　　傑明是一位聖誕老公公，每年冬天跟一座深山裡的村莊小朋友約定好，送禮物給每一位乖寶寶。

　　今年冬天，小朋友期待他的到來，小朋友們會在他們的窗戶邊放一個大襪子，準備給聖誕老公公放禮物。傑明不怕風雪駕著雪橇送禮物來了，鈴聲由遠而近，小朋友迫不及待的拿到禮物，高興的睡不著，傑明按照號碼：

　　　　　1 號送的是巧克力餅乾
　　　　　2 號送一雙繡有兔子的手套
　　　　　3 號長頸鹿圍巾
　　　　　4 號毛茸茸的襪子
　　　　　5 號……..

當聖誕老公公傑明要放入禮物時，發現大襪子裡有一包東西，拿出來

發現一張給聖誕老公公傑明的卡片，和一包小餅乾！

> 親愛的聖誕老公公：
>
> 非常感謝您每年不怕風雪送我禮物
> 今年我特別送上一份自己做的小餅乾給您！
>
> 祝您　聖誕快樂！身體健康！
>
> 愛您的小立敬上

　　傑明收到這份意外的禮物又感動又高興，感覺非常溫馨，忘掉路途奔波的辛苦，繼續送完聖誕禮物。為了感謝聖誕老公公辛苦的送禮物給大家，而每年到了這個節期，深山裡村莊的小朋友都會掛上聖誕燈飾，迎接聖誕老公公的到來。

活動二：支援前線掛聖誕燈飾

　　為了響應深山村莊掛聖誕燈飾活動，大家一起動手也來掛聖誕燈飾。大家一起設計聖誕燈飾佈置教室。老師把不同顏色的色紙分給幼兒，大班的幼兒幫忙剪成圓形，讓每個人至少都有一張色紙，老師再發給每人都有一條細繩。老師向幼兒說明，先把圓形色紙貼在細繩上，之後，老師會幫忙釘在彩帶上，最後會綁在窗戶上佈置教室。

　　首先，老師把長條彩帶放在地板上，邀請幼兒玩「支援前線」的遊戲來完成掛聖誕燈飾，老師說明團體活動的規則。

　　老師把幼兒分組，告訴幼兒等一下大家一起來完成掛聖誕燈飾。當老師宣佈：「支援前線！小朋友就要注意聽！老師會說需要什麼顏色的色紙和需要幾張色紙。小朋友就要趕快行動，把需要的色紙送上來，老師會把它釘在彩帶上，看那一組在彩帶上掛最多他們那組的色彩，那一組就贏。」

老師將全班分組好後，先讓兩組猜拳，贏的先貼第一張貼紙上去，接著再按照樣式的規則來貼，也就是第一位幼兒設計樣式顏色燈飾，第二位開始創造樣式，接下來就由大家一起完成！聖誕燈飾排列的規則如下：

1. 由第一位幼兒貼色紙，先決定顏色燈飾
2. 提示接下去第二位幼兒顏色要與第一位不同，而且要多一張色紙；第三位幼兒色紙與第一位及第二位的幼兒顏色不同外，又要比第二位的幼兒多一張色紙；第四位小朋友色紙顏色跟前三位不同，色紙的數量比第三位多一張。完成時就會像下面的圓形聖誕燈飾。
3. 第五位就跟第一位的貼法一樣，因為聖誕燈飾是每四行後就會要重複排列的樣式。

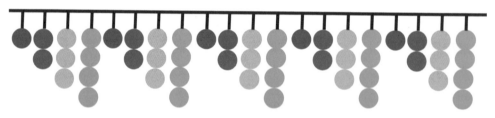

圖 17　聖誕燈飾

當幼兒完成聖誕燈飾，掛到窗戶之前先掛在白板上讓幼兒分享成果。同時，老師趁機依樣式教學的步驟，帶幼兒認識增長重複樣式的概念。

活動三 增長樣式教學

一、尋找樣式

老師帶幼兒看看彩帶排列有什麼特別之處？老師問：「聖誕燈飾排出來，看一下有沒有重複的顏色出現？ 聖誕燈飾排起來是不是很有規律？如果有規律的排列，我們稱它為『樣式』」。

二、辨識樣式單位

老師再提示幼兒看看聖誕燈飾的色紙排到第幾行？就再有相同的顏色出現？一開始老師問：「第一行的色紙貼幾張？」再問：「那第二行應該貼幾張色紙？第三行？第四行？各需要幾張？」

老師提示幼兒「算一算到第五行時，又跟第幾行的燈飾一模一樣？」

老師很明確的說：「第二行到第四行是不是每一行都增加一張色紙，在第五行以後又會重複一樣的排列方式？」這整條彩帶排列的燈飾，是由四行色紙重複變化組成的樣式，我們稱行為『增長重複樣式』」。

三、標示樣式單位

幼兒發現每四行就會重複出現一次，老師請幼兒到白板上，用自己的方法，把每四行隔起來作記號，讓大家知道每四行一組。」請幼兒上去「標示樣式單位」。

四、臆測樣式

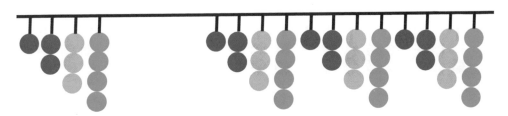

老師為瞭解幼兒是否清楚增長重複樣式的特色，把其中一個單位的四行燈飾被拿掉，老師問幼兒如何將上面漏掉的聖誕燈飾補齊？並請幼兒排列色紙上去。

五、延伸樣式

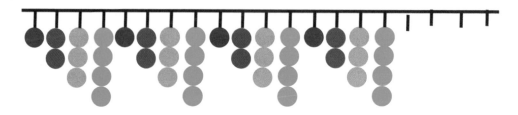

　　老師跟幼兒討論，如果要聖誕燈飾要長一點怎麼接下去？色紙要怎麼貼才會是增長重複樣式？

活動四 另一種聖誕燈飾

　　為讓聖誕燈飾更有變化，老師讓幼兒設計另一種聖誕燈飾的樣式，也讓幼兒再認識另一種增長重複樣式。如圖 18　以兩種顏色相同數量的色紙排出另一種增長重複樣式。這個聖誕燈飾只有兩種顏色，而每一串都有兩張色紙，且一再重複排列。

🔳 18　另一種聖誕燈飾

1. 老師讓幼兒先確定圖？　是一種樣式之後，老師帶幼兒辨識樣式單位，單位是 ⚫⚫

2. 老師先幫助幼兒先瞭解樣式排列的方式，幼兒會發現一串 2 張紅色色紙及 2 張綠色色紙是一組，接下去是兩串紅色及綠色色紙也是一組，再來是紅、綠色各三串形成一組，最後一組是紅、綠色紙各四串，老師請幼兒上台標示樣式單位，如下圖。

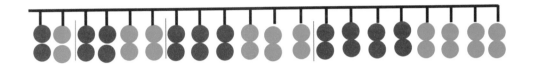

3. 若要對聖誕燈飾臆測樣式，老師將中間幾串色紙拿掉，讓幼兒去猜應該放幾串什麼顏色的色紙？

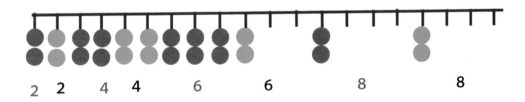

4. 老師要求幼兒把聖誕燈飾排列完整，有缺的要補齊，而且要延伸下去。如果幼兒很猶豫不會貼色紙時，老師可以先在聖誕燈飾下面標出數字22446688，標示如上面的圖。幼兒要能瞭解燈飾下面的數字是在提醒一個樣式單位要吊幾串貼紙，為完成另一種聖誕燈飾的增長重複樣式，大家通力完成之後，老師再把這個聖誕燈飾樣式掛起來，佈置教室迎接聖誕節的來臨。

　　因此，老師除可以利用「另一種聖誕燈飾」讓幼兒學習增長重複樣式之外，老師透過它提醒幼兒這個增長樣式的特性是除了顏色重複出現之外，連相同顏色的色紙的數量也不斷的增加，而色紙增加時，也有一定的規則，因此每次兩個顏色的色紙重複出現時，都會各增加 1 串色紙。

故事教學範例八

照顧
複雜重複樣式

● ●

教具：□圖形 4 個，△圖形 4 個，○圖形 4 個

　　　小鳥圖片，鳥媽媽 " 烏鴉 " 鳥巢各 1 個

準備：故事—照顧，猴子，小烏龜

引起動機：發表你照顧別人的經驗，或幫助別人的經驗。

活動一：老師說故事

故事內容：

　　春天來了，鳥媽媽一大早就出門找食物去了，樹上猴子問聲：「早！」，鳥媽媽似乎沒聽到低著頭，穿梭在樹枝上，然後停在樹幹上的一個大洞，叩叩著敲著，你知道他在找什麼嗎？對了，找 " 小蟲蟲 "，鳥媽媽嘴巴夾著 2 支長長的小蟲 ■ ■ 飛回樹梢，他並沒有回到自己的鳥窩，卻在往旁邊大樹的一個破舊的鳥窩，停了下來，因為那裡住著一隻生病的老烏鴉，鳥媽媽知道 " 小蟲蟲 " 有著很高的蛋白質，營養成分非常豐富，趕緊把小蟲蟲餵到老烏鴉的嘴裡，一隻又一隻慢慢的給生病又受傷的老烏鴉吃。

　　第 2 次鳥媽媽又飛到草叢裡，東找找西找找，小烏龜問道：「有什麼可以幫忙的嗎？看你這麼忙！」鳥媽媽低著頭忙著找，沒時間回答，終於找到好吞嚥的○食物（有什麼○的食物呢？請幼兒猜猜看，幼兒說蚜蟲），鳥媽媽這次來到自己的鳥窩裡，給剛出生的寶寶吃，自己卻還肚子餓著呢！

第 3 次鳥媽媽再度來到草地上，找到一個的△食物（幼兒說餅干的碎屑），給自己吃了，因為需要一些體力，才能有足夠的力氣照顧老烏鴉，所以一個早上，鳥媽媽總共找到了▌▌○△，午餐呢？鳥媽媽平均分配，而且分批的再餵給需要照顧的老烏鴉及小寶寶，分別是午餐烏鴉一隻小蟲、小寶寶兩隻蚜蟲鳥媽媽一塊碎屑：▌○○△，晚餐烏鴉一隻小蟲、小寶寶兩隻蚜蟲鳥媽媽一塊碎屑：▌○△△。每天鳥媽媽都會這麼做，把老烏鴉及小寶寶照顧好！

　　鳥媽媽就這樣，一天接著一天的照顧他們，終於老烏鴉恢復了體力，小寶寶也長大了，各自謝謝鳥媽媽的照顧，離開了自己的鳥巢，到處飛翔，自己找食物。

活動二：故事討論時間

5. 老師利用故事情節，問：「故事中的老烏鴉怎麼了？如果你是老烏鴉的鄰居你會怎麼做？」

6. 接下來老師問：「如果你是鳥媽媽，你如何照顧老烏鴉及小寶寶？」
如果把鳥兒一天的食物作記錄，把它整理起來，變成表，如表 1：

表1　鳥兒的三餐

	老烏鴉	小寶寶	鳥媽媽
早餐	▌▌	○	△
午餐	▌	○○	△
晚餐	▌	○	△△

鳥兒們一天的食物：▌ 4 個；○ 4 個；△ 4 個。一天就要有 12 個食物。

活動三：複雜重複樣式教學

　　鳥媽媽不只有餵食物一天，她要一直餵下去，直到老烏鴉好起來，可能要餵好幾天。老師在白板把這鳥兒們要吃的食物排成一直行，因為每天

都一樣，把它多排幾天後，如下圖 19 鳥兒食物

把它排成一直行，排列的方式如下圖？ 排列鳥兒的食物：

▐▐ ○△▐ ○○△▐ ○△△ ▐▐ ○△▐ ○○△▐ ○△△▐▐ ○
△▐ ○○△ ▐ ○△△

圖 19　鳥兒食物

一、尋找樣式

　　老師把鳥兒食物排成一行後，如圖 19，因為鳥兒食物排列出來就有重複出現的情形，而不像以前學過的簡單重複樣式。它的排列方式比較複雜。

　　老師幫幼兒先認識這類的圖形，要用心去想。

二、辨識樣式單位

▐▐ ○△▐ ○○△▐ ○△△▐▐ ○△▐ ○○△▐ ○△△ ▐▐ ○△▐
○○△▐ ○△△

　　這個樣式題從那些圖形組成，找看看怎麼排列出來？

二、標出樣式單位

　　　▐▐ ○△▐ ○○△▐ ○△△ ▐▐ ○△▐ ○○△▐ ○△△ ▐▐
○△▐ ○○△▐ ○△△

　　用底線標示出來，顯然，它是一個大樣式單位。

三、臆測樣式

　　　▐▐ ○△▐ ○○△▐ ○△△？？○△▐ ○○△▐ ○△△ ▐▐ ？△▐ ○○
△▐ ○△△

　　猜猜？？應補進什麼圖形？

五、延伸樣式

███ ██ ○△█ ○○△█ ○△△██ ○△█ ○○△█ ○△△██
○△█ ○○△????

1. 數一數一個單位，總共有幾個？ 12 個
2. 說說看哪裡不一樣？
3. 下一組應該怎樣排列？
4. 每組單位元素：█ 有 4 個 ；○ 4 個；△ 4 個

活動三：填入樣式（老師捲成圓桶狀，慢慢展示）請大家臆測下一單位？

圖示：

1. 找出單位
2. 填入圖形
3. 發現每個單位都有　4 個　4 個　4 個共 12 個
4. 長紙條

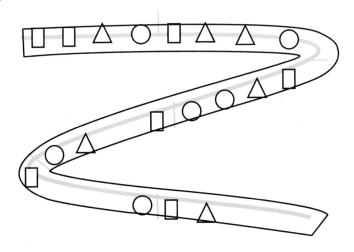

學習單：填補複雜重複樣式，每人 □ 4 張 △ 4 張 ○ 4 張

在線上貼出樣式排列

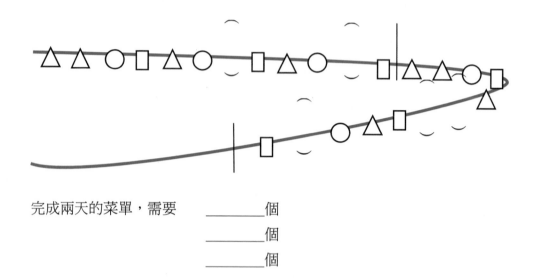

完成兩天的菜單，需要　　_____個

_____個

_____個

故事教學範例九

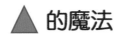 的魔法
增長樣式

活動一：老師說故事

故事內容：三角形魔法

　　三角形昆弟跟正方式美潔都是好玩伴，跟著同學一起玩捉迷藏，△昆弟跟他們說：「我們來玩躲貓貓，□美潔妳當鬼來捉我們，因為我會變魔法，待會兒我會把自己變不見，讓妳捉不到！妳相信嗎？」□美潔說：「我不相信！我現在要喊一二三，喊完之後，我就要捉你們了，你們趕快躲！」當美潔喊一二三時，昆弟和其他人一下子就鑽進草叢裡，不見人影。□美潔喊完轉身去找△昆弟，她看花園裡開滿了花，各式各樣的花：有長方形的鬱金香、圓形的小雛菊以及三角形雞冠花，美潔最喜歡它們，但△昆弟他跑去那兒了？當□美潔找很久，找不到時，突然間！聽到△昆弟的聲音說：「花兒多可愛！雛菊雞冠花我最愛！兩朵雛菊雞冠花好漂亮，再來各三朵、四朵也不少！」□美潔循著聲音去找還是找不到。△昆弟又大叫說：「我在這兒來捉我呀！」□美潔想一下，把昆弟唸的歌謠和花的排列順序作對照，很快的說：「昆弟！你就是雞冠花！我要去捉你了，快出來！」△昆弟：「我的魔法失敗了！妳猜對了！我們出來吧！」

活動二：故事討論

　　老師問：「故事裡面小朋友玩躲貓貓，請問為什麼美潔會猜中昆第躲在不同形狀的花叢裡面，有什麼線索幫助美潔猜中？」

　　老師提示：「昆弟唸什麼提供了線索？」：「花兒多可愛！ 雛菊 - 雞冠花我最愛！兩朵雛菊雞冠花好漂亮，再來各三朵、四朵也不少！」對照下面花朵的排列就可知道△昆弟躲在那裡了！」

　　我們來看下面花是怎麼排的？

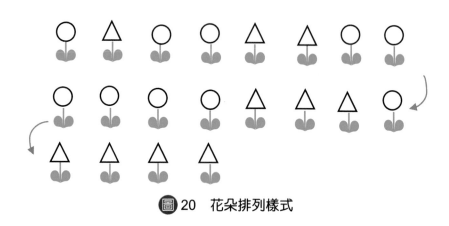

⑧20　花朵排列樣式

　　原來花朵是有規則的排列，要請小朋有一起來探索花朵排列的規則！

活動三： 花朵樣式

一、尋找樣式

　　老師帶領幼兒觀察花朵的排列方式，老師在白板上先呈現花朵排一直線的樣式，再比較圖20排列的方式，讓幼兒看圖20是不是樣式排列的一種？

　　老師也帶幼兒察看花朵排列的方式，問幼兒花朵的方式是怎麼排的？

　　幼兒能發現排列是「圓形 - 三角形；圓形 - 圓形 - 三角形 - 三角形；圓形 - 圓形 - 圓形 - 三角形 - 三角形 - 三角形、、、」是很有規律的。

　　老師問：「花朵排列的規律先有一定順序再變化，找一找看有什麼規則？」

　　幼兒若能發現花朵的排列是1個圓形1個三角形、2個圓形2個三角形；3個圓形3個三角形；4個圓形4個三角形、、、兩種花每次增加一朵的方式排下去。

二、辨識樣式單位

　　○△○○△△○○○△△△、、、

　　美潔看到兩種花的排列：雛菊-雞冠花我最愛！再來兩朵雛菊和雞冠花，或者再來各三朵也不會少」

　　可見花朵的排列規則，是從各一朵、各二朵、各三朵、各四朵重複排列，老師再問幼兒：「這一種排列方式可以找到樣式單位？」

　　原來，花朵的樣式排列最基本的單位是○△，再由基本單位變化延伸下去。

三、標示樣式單位

　　如果把花朵直接用圖形來代替，再把樣式單位標示出來。為讓幼兒好辨識，先把每一個單位都分開，例如：

　　○△ - ○○△△ - ○○○△△△ - ○○○○△△△△ -

　　當找到樣式單位之後，就可以看到單位中圖形數目變化的情形。最簡單的就是圖形的排列，兩種圖形在延伸到下一個單位時，圖形就會增加一個，這隨著單位數量的增加，圖形的數量也跟著增加，這就是增長樣式的特性。

四、臆測樣式

1. 為讓幼兒瞭解增長樣式單位變化的情形，老師設計樣式排列的活動讓幼兒練習猜測樣式單位的變化。

2. 接著才會以○△為單位延續下去，老師先讓幼兒練習直線排列，○△ - ○○△△ - ？？？△△△ - ○○○○△△△△，邀請幼兒出來把 " ？ "

的補齊（臆測樣式單位）

3. 當幼兒熟悉直線增長樣式的規則之後，再給幼兒非直線增長樣式的練習。例如，S型增長樣式的排列。下列排列中，讓幼兒猜測"？"應填入那一種圖形？

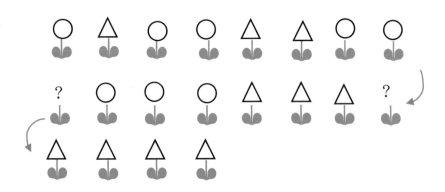

五、延伸樣式

老師問幼兒若下面樣式排列再延伸下去，在"？"應該放入那一種圖形？下面花朵的增長樣式，兩種圖形的花朵如何排列，才會讓不同圖形花朵的數量持續的增加下去？

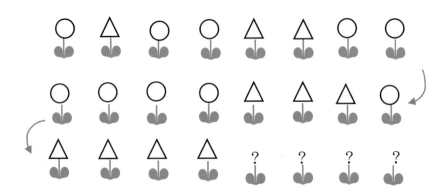

活動四：增長樣式故事二

故事內容：麗莎公主的開心花園

　　麗莎公主天天悶悶不樂的，臉上沒有一點笑容，國王非常擔心，想盡各種方法要讓麗莎公主開心，首先請來一團樂隊，在花園中間舉行音樂會，邀請了很多貴族來欣賞，散會了，仍不見麗莎公主的笑容，第二次又邀請了魔術團來表演，魔術師特地請小丑在麗莎公主的旁邊搞笑特技，仍然沒有使公主開懷大笑，國王想想，決定改變花園景色，於是請園丁在四周種了各種不同的花朵。

　　今天 🔺 雞冠花看到麗莎公主來到花園，便展開舞姿，隨風飄動，像似跳芭蕾舞來迎接公主，公主看到之後，微笑的說：「好漂亮的花喲！」

　　🟦 鬱金香花使勁的散發出香味，花瓣盛開，一支支挺直，似乎跟公主打招呼，麗莎公主開心的說：「好可愛的花喲！」地上的 🌼 小菊使勁地搖頭曳尾，麗莎公主蹲下撿起 🌼 小菊，在臉上把玩，公主被 🌼 弄得哈哈大笑，開心極了！從此麗莎公主天天到花園裡來玩，也天天開心的哈哈大笑，而國王再也不擔心了，花園裡園丁把 🔺🟦🌼 佈置在步道上，公主則開心的跳舞，賞花，還邀約了朋友到來花園裡賞花，整個花園充滿了歡樂。

活動五：團體遊戲 - 花園裡開滿了花

　　老師講完故事之後帶幼兒討論：「當遇到不快樂的時候，小朋友怎麼辦？」讓幼兒分享如何處理的情緒，合適的方式表達自己的感受。另外，建議幼兒轉移目標幫助同伴或參加活動、、、。

　　接著老師設計團體活動「花園裡開滿了花」邀請幼兒參加

　　老師說明規則。

　　當老師說：「花園裡開滿了花。」幼兒就要問：「開幾朵花？」

　　老師說：開 2 朵小花

　　這時 2 人一組好朋友手拉手，要圍成一圓圈蹲下，沒有拉手的被淘汰；如「開 4 朵」，這時幼兒 4 人拉手蹲下。

　　老師增加至 5 人、6 人…

活動四：步道花朵排列

　　玩花園開滿花的團體活動之後，老師帶幼兒看步道上的花朵，如圖 20。指引幼兒觀察步道上有幾種花排成的？

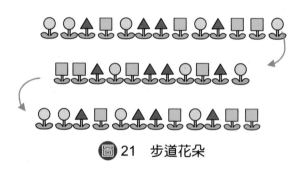

圖 21　步道花朵

一、辨識樣式

　　最先教師帶幼兒觀察花朵的排列，引導幼兒去發現花朵排列特別之處，然後發問：「圖 21 花朵的排列方式有什麼規律？怎麼排列？」花朵是依一定的規則排列在步道上。三種花朵的排列先是 🌷 兩朵，再是 🌷 兩朵，再來 🌷 兩朵會輪流出現，而且排列的方向改變時，花朵的排列方式也變不同，但依然三種花的變化，它不是一種花朵在單位中變化數量而已，而是其他的兩種花朵也跟著改變，這樣的規則變化，跟簡單重複樣式不同，稱作「複雜重複樣式」。

二、辨識樣式單位

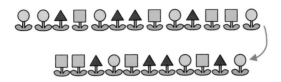

複雜重複樣式履先找出樣式單位，而圖 21 的花朵排列是由 <!-- symbols --> 變化而來，只要看清變化的原則，就能掌握樣式的大單位。這個大單位就是 <!-- symbols --> 。

三、標示樣式單位

找到大單位之後，老師請小朋友上台標示樣式，依照上面所找到的大單位來用｜標示單位。

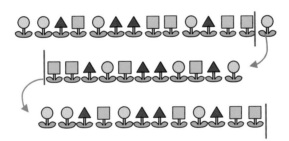

四、臆測樣式

老師請幼兒上台猜？？的應該種什麼花朵，才依規則排列？老師也請幼兒注意方向線，猜測？？應該補什麼花朵？才是複雜重複樣式。

五、延伸樣式

　　老師引導幼兒討論：「如果要讓步道的花朵更多更美的話，要把花一直種下去，但種花的順序與規則要跟原來的排列方式一樣，？？？的地方應該再種那些花？才能使步道的花延續下去？」，「請幼兒說出＂　？　＂應種的花。」同時，老師要請幼兒注意箭頭指示的地方。在延續步道的花朵，幼兒若能掌握複雜重複樣式的大單位，就能使步道的花的樣式持續重複下去。

故事教學範例十

青青草原

複雜重複樣式

● ●

準備：故事—山坡上的大草原、佈置黑板上草原情境

教具：動物圖片牛、馬、豬、鴨、大黑熊

 圖形牌 3 種各 12 支

活動一：老師說故事—大草原

故事內容：山坡上的大草原

　　在一座山坡上，有一片大草乾淨的草地，沒有任何垃圾，沒有太多的花草，只有幾棵大樹和一片大草原，還有漂亮的紅色欄杆，清淡的白雲，所以經過這裡的人，都很喜歡坐下來靜靜感受微風吹來的舒適，包括樹上的麻雀，都會發出讚美的聲音 " 真是太美了，好個青翠的大草原 "，好多動物也都常來到這裡享受享受。

　　有一天，一隻出門旅行的鱷魚經過這裡，發現這裡太美了，打了哈欠，就在草原上躺著就睡著了，小鴨帶著 2 隻小寶貝來到樹下野餐，小牛、小豬每到下午，也一定會到大草原上談天、畫畫，最愛看書的小馬，也會到草原上的椅子看書，整個大草原看來一片和祥、安靜、舒服。

　　直到有一天，山坡上忽然來了一隻大野熊，牠看起來似乎很飢餓，口水一直流，很不友善的樣子，大家看到非常害怕，趕緊躲起來，甚至跑回家去，從此不敢再到大草原。

　　一隻聰明的小馬，把大家請來，商討應該想個辦法，把大野熊嚇跑。

　　鴨媽媽說：「我們好害怕喔！那隻熊口水一直流，腳又那麼大，會踩死我們的。」小牛：「看牠餓的這樣，應該會把我們吃掉。」小馬：「不用害怕，我們團結起來，手拉手圍成一圈，然後轉圈圈，讓熊眼花撩亂，就像森林裡的野豬一樣，為了保護自己，一陣亂跑，嚇走獅子，我們也這樣來趕走大野熊啊！」

　　小豬提議：「應該叫同伴來，大家趕快回去招兵買馬，圍個大圓圈。」

　　圍個大圈，手拉手，當大野熊來時，大家拉著手轉圈，就這樣大野熊真得頭暈眼花，看不清方向，就逃走了，再也不敢來這片大草原上了。從此，大草原恢復了平靜。

活動二：趕走大野熊（團體遊戲）

　　每人輪流上台拿一張圖形牌子，1 人當大野熊，1 人當領隊，負責發命令，全班分成 3 大隊，每一隊有三小組。幼兒以三種圖形代表他們喜愛的動物，每一組都依照老師所設計的樣式組成。如 ● 代表豬、▲ 是牛、■ 是鴨，小馬當總領隊。老師設計 1 個大單位之後，邀請幼兒依照規則來玩遊戲。

●　●　▲　■　●　▲　▲　▲　■　●　▲　■

　　幼兒依照樣式的排列規則，圍成一個圓圈，當大黑熊出現時，領隊就大喊 "手拉手，快轉圈"，老師喊 "停"，大家蹲下，大黑熊趕緊離開，表現出眼花花，頭暈暈的樣子。

　　當大黑熊離開時，全部回去搶位置，沒有位置坐的幼兒，就要當大野熊和小馬。扮演小馬為了保護所有的動物，要設計所有的動物把大野熊包圍起來，所以形成一個圓形，如下圖，小馬設計圖：

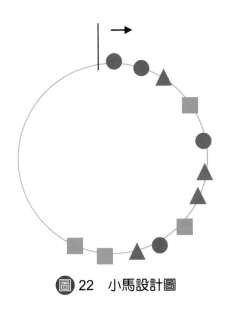

圖 22　小馬設計圖

活動三 動物大團結

　　小馬的設計圖之後，老師帶領各組聯合起來，完成一個複雜重複樣式的大集合，由於複雜重複樣式對幼兒而言挑戰性大。雖然幼兒在前面的「麗莎的開心花園」故事中，已學過的複雜重複樣式，接下來「動物大團結」再幫幼兒複習一下複雜重複樣式，讓幼兒有較多的練習機會。

一、辨識樣式

　　圖「動物大團結」的樣式排列是由三種圖形的變化，而且有規律的排列組合而成，比較複雜但很有秩序的排列，這就是一種複雜重複樣式。

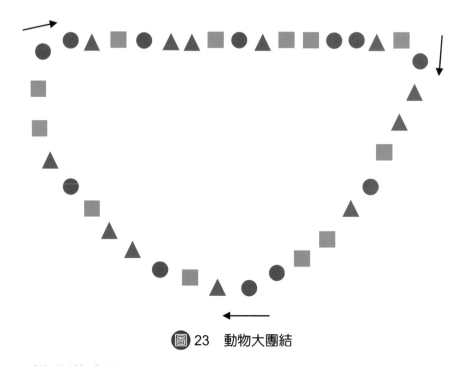

圖 23　動物大團結

二、辨識樣式單位

　　「動物大團結」圖形排列，因有規則可尋，老師帶幼兒去探討。首先，幫助幼兒發現樣式單位，先看三種圖形變化的情形。整理出來，如表 2。

　　第一組是○○□□；第二組是○△△□ ；第三組是○△□□，若將三組整理成表格對照，則如表 1 所呈列的。

表2　複雜重複樣式各小組排列

第一小組	●	●	▲	■
第二小組	●	▲	▲	■
第三小組	●	▲	■	

　　三個小單位組合成大的樣式單位，如下圖：

幼兒要依據樣式的大單位，辨識出動物大團結圖中，共有幾個大單位？

一、標示樣式單位

老師幫助幼兒找到動物團結圖的大單位，再讓幼兒標示單位，引導幼兒循著箭頭的方向進行檢視，老師請幼兒用│標示樣式單位。

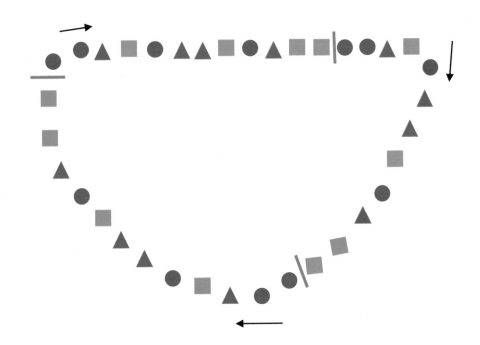

老師協助三隊的幼兒從第一小組接第二小組，再接第三小組之後，成為一個大的單位後，用線條把大單位標示出來。

四、臆測樣式

當幼兒標示出大單位之後，為瞭解幼兒是否能掌握樣式大單位，老師把動物大團結中的幾個小組元素遮起來，或把它拿掉，或在動物大團結圖

畫線的地方讓幼兒去猜測，應排入那一種動物（圖形代表）最恰當。

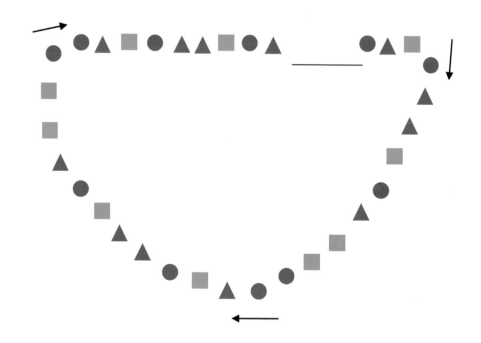

五、延伸樣式

　　由於「動物大團結圖」的複雜重複樣式是由三個大單元組合，並且因為它是一個封閉的曲線，所以不再延伸下去。

　　這時，老師帶幼兒比較過去所學的樣式，過去所學樣式元素排列的方式，大都是直線或 S 型的排列，在延伸樣式時，可以一直延伸下去，沒有限制或停止，但「動物大團結圖」的樣式排列跟過去所學的不同，它是有終點，不能再繼續延伸，依照上面標示單位，共標示出三個大單位，所以樣式單位總就重複出現三次，而不是一直延伸下去，而是樣式單位一直重複出現。

故事教學範例十一

勇敢小火車
數字樣式小火車

活動一：說故事

故事內容：勇敢小火車

　　一輛小火車載著許多水果，要經過一段顛跛路程載到下一個城市。

　　但要到下一城市可不是一件簡單、容易的事，因為小火車必須經過很長的山洞，一座鐵橋，和一大片森林，再經過一座高山，才能順利到達目地，今天小火車勇敢地上路，但是眼前一大片森林，沒有野兔，沒有小鳥，只有滿地的枯葉，小火車有點害怕，但一想起媽媽教他的不怕口訣「1234567，慢慢呼吸別慌張，無敵鐵甲小勇士，我是不害怕的小火車。」小火車嘴巴唸唸有詞，深深吸了一口氣，勇敢向前衝，就這樣經過了小森林，來到一座鐵橋，小火車有點腳軟、害怕，但是不可就這樣停手啊，怎麼辦？（大家幫小火車念念不怕口訣吧！）小火車嘴巴唸，眼睛睜大注視前方，火車汽笛聲，嗚嗚的響！又過了鐵橋，這下可以放鬆多了。不久，又來到了最可怕的山洞，整個山洞陰森森的，蝙蝠到處亂飛，還撞到了小火車的頭，小火車怕得身體發抖，ㄎㄧㄥ　ㄌㄧㄥ　ㄎㄨㄤ　ㄌㄤ的（趕

快請大家幫忙唸出不怕口訣，幫忙小火車吧！）小火車鎮定心情，眼睛直視前方，開啟大燈照亮了前方，勇敢前進，就這樣小火車終於勇敢到達城鎮，把水果送到，這時車站已站滿了人，紛紛給小火車拍手，稱讚它是輛勇敢小火車。

活動二：故事團討

老師帶幼兒討論「勇敢？」、「為什麼稱小火車是勇敢小火車？」同時，讓幼兒分享「曾經有過勇敢的事蹟？」

活動三 團體活動：跟著老師拍出樣式節奏

1. 拍手，拍腳→代入節拍　　♩P♩P♩P♩P
   找出小單位
2. 拍手，拍腳，摸頭→♩Px♩Px♩Px
   確認樣式排列
3. 臆測下一個單位？大家一起延續拍打，延伸樣式。

活動四 唸謠：坐火車（台語）

老師帶領幼兒學與「坐火車」相關的唸謠。老師畫出音符，音符「♩」表示用手拍一下，「✕」表示停下來不唸。老師先帶幼兒唸一次，先把台語的音，唸對！幼兒在學習唸謠的過程中，除了感受到唸謠有押韻外，幼兒還能理解，節拍之間有重複的現象。老師帶幼兒一邊唸時，也邀請幼兒把動作加上去，讓學唸謠（台語）變得更有趣。

♩♩♩✕	♩♩♩✕	♩♩♩✕	♩♩♩✕
坐飛機	看天頂	坐大船	看海湧
♩♩♩✕	♩♩♩✕	♩♩♩✕	♩♩♩✕
坐火車	看風景	坐公車	錢卡省
♩♩♩✕	♩♩♩✕	♩♩✕✕	
坐牛車	順便挽	龍眼	

活動五：水果火車樣式

幼兒學會「坐火車」的唸謠之後，把簡單重複樣式帶入學習內容。

勇敢小火車載著水果送到城裡，小火車載的水果，放在車廂裡很有規律的排列著。水果的排列方式以三種水果排出簡單重複樣式蘋果 - 香蕉 - 西瓜 - 蘋果 - 香蕉 - 西瓜三種水果，如果火車的車箱再接下去，車廂要放那一種水果？

水果火車的樣式可以提供幼兒回憶過去所學的簡單重複樣式。接著下面提供幼兒用數字符號練習排列樣式。

活動六 水果數字火車

用 3 代表　　　用 6 代表　　　用 8 代表

用數字代替水果排出樣式如下：

一、尋找樣式　368368368368368368

二、辨識樣式單位　<u>368</u>368368368368368

三、標出樣式單位　368-368-368-368-368-368

四、臆測樣式　368-368-368-368-368-368- ？ 68

五、延伸樣式　368-368-368-368-368-368- ？？？

活動七：水果圖片，設計增長樣式

請一位幼兒設計一個單位，接下去排出增長樣式

活動八：寫出數字樣式

 是3　　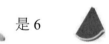 是6　　△ 是8

用數學代表寫出的數學樣式如下：

<u>368　3368　3668　3688</u>

活動九：排列出數字樣式火車

1. 哪兩個車廂號碼，沒有樣式排列？

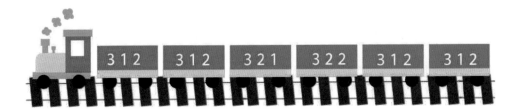

2. 哪一個車廂沒有增長樣式？

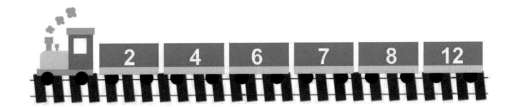

3. 請在下列的車箱放入複雜增長樣式

學習單：勇敢小火車

請幼兒將正確的數字填入車箱。

357-3357- ？？？？ -3577-357- ？？？？ -3557-3577

當幼兒可理解車箱上數字是有規則的變化,教師幫幼兒找出樣式單位,在幼兒能找到樣式單位,他們就可以完成學習單。

第六與第七車箱應該填入什麼數字,才會看到樣式的延伸?此外,車箱上的應該放那幾種水果?

故事教學範例十二

逛園遊會

● ●

逛逛園遊會（一）

故事情境

今天幼兒園舉辦聖誕園遊會 我和爸爸媽媽一起參加 園遊會設有 10 個攤位。到每個攤位完成闖關就可以蓋一個章，過十關蓋十個印章，可以參加摸彩。 但是今天每一個攤位大排長龍，爸爸建議從最少人的攤位開始玩起：

1 號攤位：彈彈珠

幼兒要蹲在地上，把彈珠用手滾入洞中， 爸爸說那是他小時候在家庭院最常玩到的一種遊戲，我完成了 6 個通過這個關卡。

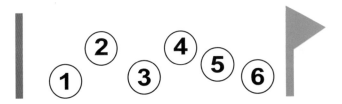

2 號攤位：來釣魚

釣魚竿上粘磁鐵，釣魚要用磁力釣竿，釣摺紙小紅魚

（磁力釣竿，釣小紅魚上的迴紋針）

釣到三隻小紅魚通過關卡

3 號攤位：手球丟入數字袋（親子遊戲）

我投入 7 號得到一架小飛機玩具，媽媽比較厲害投入 5 號得到一組扮家家玩具，真是好玩！

4 號攤位：套圈圈

地上擺好多玩偶，把五個圈圈套入，就可送你，但我沒套中 我最喜歡的小熊布偶

5 號攤位：來踢球

足球一個，我使勁腳力用力踢，卻發現班上大個子陳東東踢得最遠，我排第三。

6 號攤位： 袋鼠跳

　　身穿大布袋，兩腳齊跳，跳到立牌袋鼠，折回 ，我完成了這項遊戲，媽媽誇我好可愛！

7 號攤位： 曼陀珠堆高高

　　曼陀珠堆高高的遊戲不好堆，在堆曼陀珠時，發現曼陀珠會滑動，不好排，試了好幾次，還是會滑動堆不高。而遊戲中規定要將曼珠排成像圖24的排法。曼珠排四層，而爸爸發現排列的方式是每一層多加一個曼陀珠，才能一層一層疊高，也發現每堆高一層，需再多一個曼陀珠。排列的方式要從第一層排起排直排到 4。

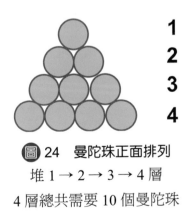

圖 24　曼陀珠正面排列

堆 1 → 2 → 3 → 4 層

4 層總共需要 10 個曼陀珠

8 號攤位：變胖又變高

　　用兩種顏色 積木 讓積木變胖又變高，先排左邊下面綠色小長方形，第二圈再排黃色三個長方形圍住綠色的小長方形，最後再將黃色的長方形圍住。

　　讓幼兒操作積木的過程中，帶領幼兒去發現每一層的關係，每外加一層，把前面一層的積木包起來後，可以發現過程中積木的增長。

　　第一層 先提示幼兒以綠色積木為基本的單位。

　　第二層 把基本單位的綠色積木靠邊，再用黃色積木沿綠色積木的邊把它包圍起來，算算看需要幾個黃色積木？

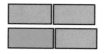

　　第三層換成綠色積木把第二層的黃色積木圍起來，看用了多少綠色積木。

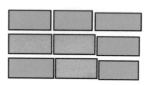

　　最後，把排好的積木調整一下，積木完成之後，帶孩子再數一數每一層同顏色的積木有幾個，讓幼兒發現積木是如何增胖、增高的？

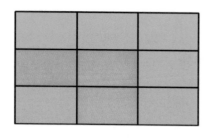

爸爸發現這樣的排列每多一層需加兩個方形積木

爸陪我一起完成好玩堆積本的益智遊戲，完成後得到一支冰淇淋獎賞。

9 號攤位：大隊接力（親子活動）

爸爸媽媽和我三個人在一股加油聲中完成跑操場一圈，雖然我滿身大汗，爸爸把我舉高高，說我是位健將喔！

10 號攤位：許願樹

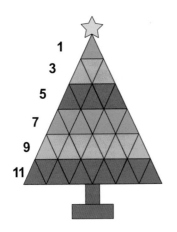

利用△的卡片，設計圖案寫上心願，我祝福爸媽天天快樂，聖誕節快樂！ 並把設計好的圖案貼在聖誕許願樹上

許願樹的排法先從最上面的一層排起，先排一個△

第二層增加兩個△，第一個△排正，第二個倒過來▽，第三個再排正△，即「正反正」。

第三層比第二層再多兩個△，而△的排法跟上面一樣「正反正反正」、第四層是「正反正反正反正」

第五層橘色△，排出的樣式是「正反正反正反正反正」，共有九個三角形組成一個梯形。最後一層是「正反正反正反正反正反正」共 11 個三角形組成的大梯形。

因此，可以發現每一層需多貼兩張△形許願卡

三角形的數量是　1 → 3 → 5 → 7 → 9……

10 個關卡都完成了，最後是我最喜歡的大摸彩活動，真高興耶，我得到一個小熊布偶，真是一個快樂的園遊會。

逛逛園遊會（二）
形式增長樣式（圖形）

● ● ○ ● ● ○ ● ● ○ ● ● ○ ● ● ○ ● ● ○ ● ● ○ ● ● ●

準備：⬭ 16 個曼陀珠、⬭ 吸管 16 根

教具：設立井木框 6 個

　　圖形一　● ●● ●●● ●●●● ●●●●● ●●●●●●

引起動機：怎樣使口香糖堆高高呢？不會滾下來，如何擺設呢？園遊會有
　　　　　什麼是圓柱體？鉛筆、吸管又如何擺呢？除了站立之外，要如
　　　　　何平放堆高？

活動一：共同討論

　　老師帶幼兒上發表曾經去逛園遊會看見了什麼？有什麼活動？有吃
的、有玩的、有表演節目，還有猜燈謎遊戲。你最喜歡哪一種活動？哪個
攤位最好玩？

活動二：大象設計堆高高遊戲活動

　　a 組參賽者須把 ⬭ 曼陀珠（口香糖）堆高高，發現什麼情形？
　　b 組參賽者須把 ⬭ 吸管堆高高，發現什麼圖形？設計（框），
在框內放吸管，可以堆出什麼圖形？

活動三：堆看看？試試看？

　　a 組曼陀珠圓柱型，會滾動，能堆高高嗎？
　　發現會滾動，堆不高，容易滑落

（設置框井）可以固定吸管，一層一層疊上去

第一層　第二層　第三層　　　（正面）

活動四：團討

發現了什麼？有形數增長樣式嗎？

堆六層一共要多少支吸管呢？

每增加一層會多幾支吸管？

$1 \rightarrow 2 \rightarrow 3 \rightarrow 4 \rightarrow 5 \rightarrow 6 \rightarrow 7$

利用 ● ●● ●●● ●●●● ●●●●● ●●●●●●

可以排出什麼形狀？如果把這些吸管依照數量的大小堆疊起來，每一層數量之間會發現什麼關係？每一層與上一層或下一層的吸管的數量差多少，會發現什麼規則存在？

先把一支吸管放著，再把二支吸管放在一支吸管的下面，然後，把三支吸管放在二支吸管的下面，直到把六隻吸管放最下面一層為止，讓幼兒數一數總共用多少支吸管推疊成功？每多加一層增加多少支吸管，

學習單：形數樣式排列（準備色貼紙）排排看，改用貼貼紙的方式有堆疊，
　　　　問到第七行需要幾張貼紙？

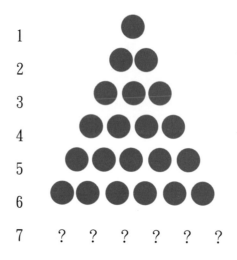

逛逛園遊會（三）

形數增長樣式

● ●

準備：□ 圖片，2 種顏色，綠色 15 個，紅色 21 個

教具：動物圖片（小時候→長大的圖片）

　　　小樹苗、大樹

引起動機：小蘋果圖片→漸大蘋果圖片→更大蘋果圖片（展示）

   → →

活動一：共同討論

1. 長頸鹿小時候個子太小，長大會變什麼？

2. 小時候是熊，長大會變獅子嗎？

3. 小時候是你，長大仍然是你，身體長高又長胖。

4. 小樹苗長大變大樹，會變小花嗎？樹幹變粗又變高。

5. 圖形變大 □ 會變成 △ 或 ○ 嗎？

活動二：圖形變變變遊戲

大熊推出 " 增胖又增高 "

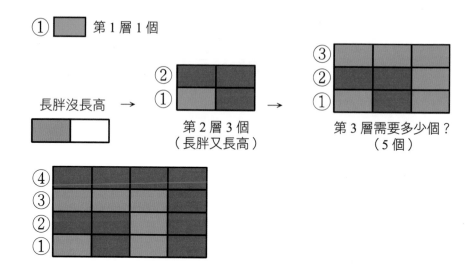

a. 發現每加 1 層需要多 2 個

　　1 → 3 → 5 → 7 →

b. 預測下一層，需要多少個？

c. 大家來排排看

　　第 4 層需要多少個？

d. 全部 5 層，一共需要多少個？

　　（7 個）

活動三：正方形的排列，能排出甚麼圖形，畫出來。

　　　　圓形的排列，能排出甚麼圖形，畫出來。

　　　　三角形的排列，能排出甚麼圖形，畫出來。

學習單：準備 □ 色紙（藍、黃色）

6					
5					
4					
3					
2					
1					

第一行需要（　　）張藍色紙

第二行需要（　　）張黃色紙

第三行需要（　　）張藍色紙

第四行需要（　　）張黃色紙

第五行需要（　　）張藍色紙

第六行需要（　　）張黃色紙

參 考 文 獻

吳昭容、徐千惠（2010）。兒童如何在重複中找到規律？重複樣式的程序性與概念性
　　知識。**教育科學研究期刊，55**（1），1-25。

吳昭容、嚴雅筑（2008）。樣式結構與回饋對幼兒發現重複樣式的影響。**科學教育學
　　刊，16**（3），303-324。

陳埩淑（2017）。幼童重複樣式教學之探索性研究。**臺灣數學教育期刊，4**（1），
　　63-92。

葉錦堂譯，野村純一（撰）（1989）。**滾呀！飯糰**。李元平（編）世界名著彩色童話
　　台北：至鼎文化出版社。

教育部（2017）。**幼兒園教保活動課程大綱**。台北市，教育部。

趙曉燕、鍾靜（2010）。國小六年級學童對圖形樣式問題之解題探究。**台灣數學教師
　　電子期刊，24**，1-23。doi: 10.6610/ETJMT.20101201.01

Casey, B..Kersh J. E.,Young, J. M.(2004).Storytelling sagas: an effective medium for
　　teaching early childhood mathematics. *Early Childhood Research Quarterly. 19(1)*,
　　167-172.

Clements, H., & Sarama, J. (2007). Early childhood mathematics learning. In F. K.
　　Lester(Ed.), *Second handbook of research on mathematics teaching and learning*
　　(pp.461-555). VA: National Council of Teachers of Mathematics.

Clements, D. H., & Sarama, J. (2009). *Learning and teaching early math: The learning
　　trajectories approach.* New York, NY: Routledge.

Clements, D.H., Swaminathan, S., Hannibal, M. A. J., & Sarama, J. (1999). Young
　　Children's Concepts of Shape. *Journal for Research in Mathematics Education, 30*(2),
　　192–212.

English, L. D. (2004). Promoting the development of young children's mathematical and
　　analogical reasoning. In L. English (Ed.), *Mathematical and analogical reasoning of
　　young learners*(pp.201-213), NJ: Lawrence Erlbaum.

Ginsburg, H. P., Lee, J. S., & Boyd, J. S. (2008). *Mathematics education for young children:
　　What it is and how to promote it. Social Policy Report, 22*(1), 3–11 and 14–23.

Available online from: http://www.srcd.org/spr.html.

Klein, A., & Starkey, P. (2004). Fostering preschool children's mathematical knowledge: Findings from the Berkeley Math Readiness Project. In D. H. Clements, J. Sarama, & A. M. DiBiase (Eds.), *Engaging young children in mathematics: Standards for early childhood mathematics education* (pp. 343-360). Mahwah, NJ: Erlbaum.

Krajewski, L. J. (2005). *Prediction of mathematical (dis)abilities in primary school: A 4 year German longitudinal study from kindergarten to grade 4.* Paper presented at the Biennial Meeting of Society for Research in Children Development, Atlanta, GA.

Lynn M. M. (2013). Is it a pattern? *Mathematical Thinking and Learning*, 19(9), 564-571.

Mulligan & Vergnaud, (2006). Research on children's early mathematical development: Towards integrated perspectives. In A. Gutierrez & P. Boero (Eds.), *Handbook of research on the psychology of mathematics education: Past, present and future* (pp. 261–276). London: Sense Publishers.

National Council of Teachers of Mathematics. (2000). *Principles and standards for school mathematics*. NCTM.

Papic, M., Mulligan, J. T., & Mitchelmore, M. C. (2009). T*he growth of mathematical patterning strategies in preschool children.* In M. Tzekaki, M. Kaldrimidou, & H. Sakonidis (Eds.), Proceedings of the 33rd conference of the International Group for the Psychology of Mathematics Education (Vol. 4, pp. 329-336). Thessaloniki, Greece: PME.

Mulligan. J. T., Mitchelmore, M. C., English, L. D.,& Robertson, G., (2010). Implementing a Pattern and Structure Mathematics Awareness Program (PASMAP) in kindergarten. In L. Sparrow, B. Kissane, & C. Hurst (Eds.),S*haping the future of mathematics education*: Proceedings of the 33rd annual conference of the Mathematics Education Research Group of Australasia (pp. 796-803). Freemantle, UK: MERGA.

Mulligan, J. T., Mitchelmore, M.C. English, L.D., & Crevensten, N.(2012). *Evaluation of the "reconceptualising early mathematics learning"* project. In J. Wright (Ed.), AARE 2012 Conference Proceedings (pp. xx-xx). Sydney, Australia:Australian Association for Research in Education.

National Council of Teachers of Mathematics (2000). *Principles and standards for school mathematics. Reston*, VA: NCTM.

Smith, J., & Thompson, P. W. (2007). Quantitative reasoning and the development of algebraic reasoning. In J. J. Kaput, D. W. Carraher & M. L. Blanton (Eds.), *Algebra in the early grades* (pp. 95-132). New York: Erlbaum.

Simon, H. A. & Sumner, R. K.(1968). Pattern in music. In B. Kleinmuntz (Ed), *Formal representations of human judgment*. New York: Wiley.

Threlfall, J. (1999). Repeating patterns in the early primary years. In A. Orton (Ed.). *Pattern in the teaching and learning of mathematics* (pp. 18-30). London, UK: Continuum.

Vale, I., Pimentel,T., Cabrita & Fonseca , L. (2012). *Pattern problem solving tasks as a mean to foster creativity in mathematics*. In T. Y. Tso(Ed.). Proccedingings of the 36th Conference of internation Group for the Psychology of Methematics Education. (Vol. 4, pp. 171-178). Taiwan, Taipei: PME.

Van Nes. F & de Lange, J(2010). Mathematics Education and Neurosciences: Relating Spatial Structures to the Development of Spatial Sense and Number Sense. *TMME, (4)*2, 210-229.

Warren, E., & Cooper, T. (2008). Patterns that support early algebraic thinking in the elementary school. In C. E. Greenes & R. Rubenstein (Eds.), *Algebra and algebraic thinking in school mathematics: Seventieth Yearbook* (pp. 113-126). Reston, VA: National Council of Teachers of Mathematics.

第二篇

幼兒數學樣式教學理論與研究

摘要

幼兒數學式教學
理論與研究

● ●

　　本研究為提升幼兒樣式推理能力設計樣式教學模式，從尋找樣式、辨識樣式單位、標示單位、延伸單位、臆測單位到驗證樣式，教導幼兒會複雜重複樣式推理。本研究採探索性研究，以南部一所大學附設幼兒園兩班大班實施樣式推理教學，每班各三十名，平均年齡約 6 歲。其中一班實施樣式教學模式為實驗組；另一班維持原來樣式教學方式即為控制組。為瞭解樣式教學模式的成效，教學前後兩組接受樣式作業評量。資料蒐集包括觀察、攝影教師樣式教學，以及對研究對象訪談，之後進行量化分析與質性分析，以瞭解樣式教學成效及教師如何進行樣式教學。研究結果發現兩組經教學後，後測成績皆有提升，且實驗組的後測成績顯著優於控制組。顯然，樣式教學模式介入明顯提升幼兒的推理能力。另一方面，教師在教導幼兒樣式推理時會循序漸進以故事、遊戲引導幼兒，再透過操作增進幼兒的樣式概念。實驗組進行複雜重複樣式教學時，分解複雜重複樣式結構為簡單重複樣式，幫助幼兒掌握核心單位及延伸樣式，擴展幼兒複雜重複樣式推理能力。

關鍵詞：幼兒數學、重複樣式、樣式教學

This study experimentally explored the effectiveness of a designed teaching model for promoting young children's pattern reasoning. The model of teaching sequences included exploring patterns, identifying the unit of repeated patterns, labeling the unit of repeated patterns, extending pattern units, predicting pattern units, and proving the patterns. Two groups were involved in the pattern-reasoning experiment: An experimental group adapted the pattern-teaching model, and the control group used the original teaching methods. Sixty subjects with a mean age of 6 years were recruited from two classes of a private kindergarten. They were subject to pattern-task testing before and after teaching. Observations for data collection involved taking pictures, recording videos, and interviewing participants after teaching. The experimental group outperformed the control group in the pattern reasoning task. Evidently, implementing pattern instruction was effective for promoting pattern reasoning among young children. Additionally, during pattern instruction, the teacher taught using storytelling and games and then provided hands-on materials to strengthen pattern cognition. During the pattern-teaching process, the teacher deconstructed a complex pattern into a simple pattern, prompted recognition of the core unit of the pattern, and extended the pattern that facilitated children's competence in reasoning.

Keywords：Childhood mathematics, repeating pattern, pattern teaching

前言

近年來各國重視學童提前學習代數，特別看重幼兒數學樣式推理教學與相關議題的研究，澳洲 Mulligan 等學者多年的學前樣式研究及德國跨三個年級重複樣式推理研究，都發現幼兒樣式推理能力會影響小學數學成就的表現，他們主張數學教育需具前瞻性的學習觀點及關聯性，以建立幼兒問題解題的技能（Lüken,Peter-Koop,& Kollhoff, 2014;Mulligan, Mitchelmore, English, & Robertson, 2010;Vale, Pimentel, Cabrita, Barbosa, & Fonseca, 2012）。由於數學的本質在尋找規律與規律之間的關係（Mulligan, Mitchelmore, English, & Crevensten, 2012），數學有效的推理需注意到真實世界脈絡中的樣式與符號，而習得如何察覺事物中數量形的規律，透過樣式探究與經驗的累積，形成一般化，並進一步歸納樣式解決問題（Mulligan et al., 2012）。樣式被描述為一種規則、重複的型式（Orton& Orton, 1999），也是一種延伸的規律，可以臆測的規則，以樣式引入幼兒數學學習有助於數學概念和關係的抽象化，發展出推理能力（Mulligan &Mitchelmore, 2009; Papic, Mulligan, & Mitchelmore, 2011）。

樣式在幼兒的生活中處處可見，如牆壁、地毯、天花板及窗戶都有樣式，每天的生活作息穿衣擺桌椅和預備簡單的食物（Lynn, 2013）都存在著樣式。在他們的生活脈絡中能經驗到各種樣式。據 Clements 與 Sarama（2009）的研究指出五歲的幼兒已能延伸簡單重複樣式如 ABBABB，六歲的幼兒能轉化直線的 ABBABB 樣式為樣式的核心單位 ABB，但如果擴大樣式單位，幼兒是否也能掌握樣式單位從事複雜重複樣式的推理？研究者觀看一所幼兒園進行「葉子」相關的主題教學時，幼兒會以搜集到的葉子排列出重複增長樣式 ABCDABCDDDABCDDDDD。故而，引發研究者擬設計複雜重複樣式作業與教學引導幼兒從中學習，並瞭解幼兒的樣式推理表現與教學成效。本研究問題如下：

（一）教師如何實施樣式推理教學提升幼兒樣式推理能力？
（二）經樣式教學後幼兒學習表現為何？

理論架構

第一節　幼兒數學樣式理論與相關研究

一、數學樣式種類

樣式的種類在數學教育文獻中多半指出有三類，分別是重複樣式（repeating pattern）、增長樣式（growing pattern）和結構樣式（structural pattern）（Copley, 1998/2003; Owen, 1995）。

（一）重複樣式

重複樣式指有一個可以辨認的重複單位，例如春 - 夏 - 秋 - 冬 - 春 - 夏 - 秋 - 冬⋯及有一個循環的結構，至少有兩個重複單位。重複樣式重點在於循環（cycle）或重複（Owen, 1995;Tsamir, Tirosh, Barkai, Levenson, & Tabach, 2015），重複樣式意指一系列特定的物件或事件重複出現，像顏色、形狀、方向、大小、聲音、數字或其他元素（Owen, 1995；吳昭容、嚴雅筑，2008）。另外，Threlfall（1999）提出循環重複樣式不只在單一向度上變化，也可以多個向度變化以增加樣式的複雜度成為複雜重複樣式，並在樣式延伸時，除了直線延伸外，也可以將元素排列的方向改變，排列成非直線型（蛇形）的樣式。本研究將增加樣式複雜度，探討幼兒是否能在教學之後，掌握複雜重複樣式的結構並提升樣式推理能力？

（二）增長樣式

增長樣式也稱為數列（sequence），是指由一個法則產生的一系列、非重複的項目，例如等差數列 1-3-5-7-9⋯及費氏數列 1-1-2-3-5-8-13-21⋯。增長樣式是用可預測的方式來改變某個數值的型式。其內涵指在 Owen（1995）的分類中稱為序列（sequences），也就指一系列非重複的數值，隨著一種規則延伸所組成，在正式課程活動中，此類型以數字序列（簡稱數列）最為典型，如等差數列、等比數列、巴斯卡三角形數，例如：「5、

10、15、20…」，是開始於 5，每項為前一項加 5 的數列。

（三）結構樣式

結構樣式強調結構的存在（Owen, 1995），結構指概念之間的連結，即從一組有關聯性的事物中發現一些特質，例如：「5 可以用多少方式來組成？」會有 4 ＋ 1 ＝ 5、3 ＋ 2 ＝ 5、2 ＋ 3 ＝ 5、1 ＋ 4 ＝ 5 的答案出現。如數學乘法中的交換律、結合律和乘法對加法的分配律，都是屬於結構樣式的議題。

另一種結構樣式是指空間結構樣式（spatial structure patterns）。在幾何圖形變項的特徵中有不變的特質。如三角形、正方式、積木。常見如三角形數或正方形數之類的樣式，若從其數量的變化看來，與增長樣式有關，但因其具備空間結構的視覺特性，Papic 等人（2011）稱之為空間結構樣式，國內研究者則常採用「數形」來指稱（洪明賢，2003；趙曉燕、鍾靜，2010）。

上述三種樣式中，Threlfall（1999）認為重複樣式相較於數列等其他的樣式，是一種線性的型式較適合幼兒學習，有助於數學思考能力的培養，加上多數的學者認為三種樣式中，幼兒適合學習重複樣式（Clements & Sarama, 2009）。本研究認為重複樣式是學習其他樣式的基礎，引導幼兒進入複雜重複樣式學習，將有助於提升幼兒多種數學概念及進深數學推理能力。

二、幼兒數學樣式推理相關研究

（一）掌握樣式單位推理

5-6 歲的幼兒在自然遊戲中會堆積木完成簡單的 ABAB 重複樣式（Clements & Sarama, 2009; Seo & Ginsburg, 2004）；澳洲 Papic 等人研究（2011）發現有些幼兒憑著記憶可以畫出 ABAB 樣式，但讓幼兒複製

ABBC 樣式就有困難。另外，Rittle-Johnson、Fyfe、McLean 與 McEldoon（2013）發現幼兒進入正式學校教育前已有重複樣式的概念，但仍有些幼兒無法複製 ABB，反而會把 ABB 變成 ABAB 的樣式排列，幼兒需運用策略發現關係才能作樣式推理。吳昭容與嚴雅筑（2008）以四歲多和五歲多的幼兒為對象，採用單位內無重複（abcdabcdabcd…）、單位內有重複元素且相鄰（aabcaabcaabc…）、單位內有重複元素且不相鄰（abacabacabac…），以三種複雜度的樣式測試幼兒，發現單位內沒有重複元素的簡單樣式，幼兒有可能僅以一一對應的方式作推理，但未能掌握樣式的規律，幼兒必須學會掌握較大的單位才能提升解題的正確率。再就幼兒是如何掌握重複樣式？吳昭容與徐千惠（2010）指出五歲幼兒樣式推理受到重複樣式單位一定等長及前面作業出現過的單位元素影響解題。而 Mulligan 等人（2012）探討幼兒以樣式學習數量形的關係及發展推理能力時，發現幼兒會以不同方法發展出數量形結構的理解，注意到樣式單位重複及空間結構，並在過程中能覺知、記憶並複製排列數量及幾何圖案。

（二）引導樣式推理

　　幼兒雖然尚未能進一步發展出辨識既有規律，找出樣式結構的能力，但成人能引導他們學習樣式推理。Papic 等人（2011）以實驗介入探討樣式教學對於幼兒樣式能力的影響，以及瞭解樣式能力測驗題組能否反映幼兒推理表現的變化。教學實驗歷經一年，以 53 名三歲多到五歲不等的幼兒為研究對象，分實驗組與對照組各半。在教學前、中、後各施測一次樣式能力評量。研究內容包含複雜度不一的重複樣式與數形樣式，一開始兩組幼兒樣式能力的表現相近，但教學中、後的評量發現實驗組得分顯著地較佳，而質性資料顯示實驗組比控制組能掌握重複樣式的單位與結構。研究結果顯示成人有系統地引入樣式活動對幼兒察覺樣式單位與結構發展出乘法推理能力。

（三）有效介入樣式教學

　　樣式學習對幼兒未來數學成就會有影響。德國以五歲、幼稚園到小學 1、2 年級共有 2250 名幼兒為研究對象，從事四年的長期追蹤研究，調查 幼兒樣式推理能力是否影響小學的數學表現？研究結果發現學前樣式推理 能力影響到小學一、二年級的數學成就，包括加減的運算能力（Lüken et al., 2014）。因此，教育學者認為早年有效介入可以建立幼兒的數學思考與 推理。再者，Klein、Starkey 與 Wakeley（2000）以數學知識介入 163 位學 前幼兒（3 歲 9 個月到 4 歲 9 個月）數學教學研究，實驗組幼兒接受介入 教學，而對照組未介入教學，介入教學前後幼兒接受兒童數學量表（Child Math Assessment）評量，檢驗介入教學成效。研究發現介入教學使得低 社經的幼兒比未接受介入教學的幼兒表現好（Starkey, Klein, & Wakeley, 2004）。另外，Papic 與 Mulligan（2005）以 53 名幼兒為研究對象發展樣 式策略的實驗研究，其中一所學前學校實施 6 個月以重複樣式及空間樣式 介入教學；另一所學校實施一般教學。研究發現介入教學組的後測樣式作 業成績表現較優異，幼兒能理解重複單位及空間關係。相對地，控制組的 幼兒卻看不到重複單位，而且介入的幼兒能判斷出樣式的變化，並能在不 同媒介使用下作樣式轉換。再經一年的調查，發現介入教學的幼兒在增長 樣式與算術評量分數優於控制組。次年，以兩所幼教機構的 64 名幼兒及 9 位幼教師為研究對象，比較原住民（實驗組）與主流學校從事 10 週樣式介 入教學成效。研究結果發現幼教師能理解不同類型樣式，且提升學童代數 思考的能力。從上述的兩個研究瞭解介入教學有助於幼兒發展出複雜樣式 理解和技巧，幼兒在進入小學前，因接受介入教學已有抽象化、一般化及 解釋樣式或分析樣式結構的能力（Papic, 2013）。可知，若從事介入教學 也能提升幼兒複雜重複樣式推理能力。

（四）複雜重複樣式及其重要性

　　複雜重複樣式由簡單重複樣式擴展而來，其樣式結構中組成單位元素比簡單重複樣式的單位元素變化多，幼兒學習複雜樣式有助於未來數學進階的學習。以下分列說明複雜樣式結構與其重要性。

1. 複雜重複樣式結構

　　就樣式單位元素組合而言，單位內含有不相鄰與相鄰的元素，且相鄰元素增多時，樣式的結構較複雜，如例一，

○○□□△○○○○□□△○○○○□□△○○，其樣式單位是
○○□□△○○。

　　就樣式單位元素排列方向而言，樣式單位元素排列方向一致者稱為直線樣式，而非直線樣式指單位元素排列的方向會改變。如例二

○○○□△○○○○□□△○○○○□
○○○○△□○○○○△□○○○○△□○○○○△□○○○○△□○○○○△□
□□△○○○○□□△

因樣式蜿蜒排列又稱為「蛇形（或 S 型）」樣式，辨識此樣式時需注意到元素轉換方向的排列次序與前面的單位排列不同。

　　就延伸單位完整性而言，可分完整樣式與不完整樣式。完整樣式指單位的延伸到最後一個核心單位時仍完整重複出現，如例一。若延伸單位到結束時，最後的一個核心單仍不完整出現，稱為不完整樣式結構如例二。

　　就核心單位的複雜度而言，除單位元素量增加且單位重複出現外，單位與單位之間是否銜接，可分成切割單位與非切割單位兩種的複雜重複樣式。切割核心單位如 AABCABBCABCC-AABCABBCABCC，而非切割單位的重複樣式在延伸樣式時，樣式單位之間未加以分割如 5175117517751751175177，加上非直線排列難度最高。上述複雜重複樣式的不同結構，本研究在設計評量與教學皆加以應用。

2. 複雜重複樣式重要性

　　由於數學樣式與結構推理發展是代數與函數推理的前置經驗（National Council of Teachers of Mathematics[NCTM], 2000），能辨識複雜重複樣式的結構，瞭解數形量的關係有利於解題、預測及一般化。根據 Threlfall（1999）探討 119 名 3-9 歲幼兒完成三色（紅綠黃）蛇形樣式延伸作業的表現，發現有 60% 的幼兒能完成作業，更有六名幼兒挑戰更複雜的樣式（顏色、大小及形狀排列），而研究建議應發展幼兒複雜樣式推理，並探討他們如何看到這類的重複樣式及覺知這類核心單位而完成作業？因此，在教學上他建議循環重複樣式不只在單一向度上變化，也可以多個向度改變，他提出幼兒掌握重複樣式的歷程，發展出兩種途徑；一個是樣式的複雜度，另一個是幼兒如何發展掌握樣式，他認為當幼兒能掌握樣式的單位就能掌握樣式，同時能發展出數學相關的多種概念，如等量、倍數、加減法的概念。例如，從樣式單位項目作累加而能發展出總量的概念，以及在測量的脈絡中，可使用相同長度為重複單位測量面積。

　　Warren 與 Copper（2006）利用重複樣式導入函數推理，在他們教學設計樣式活動時，從簡單 ABABAB 樣式開始，讓幼兒認識樣式具有循環及延續性的特性以及辨識樣式單位的組成元素，再讓幼兒臆測下一組樣式元素的出現，以操作方式延伸樣式。在第二階段教學加入函數概念，以不同材料與活動作樣式驗證，如呈現二組樣式單位再讓幼兒延伸樣式，再遮蓋第三組，讓幼兒臆測第三組的組成元素，然後讓幼兒推論出三組共有幾個物件，若繼續延伸，並使用表格整理樣式元素增加情形，可供幼兒看到物件倍數的增加，也從表格統理數字對照出樣式物件數量成比例的成長如右圖（Warren & Copper, 2008, p.118）。■□■□■ 　　　　

　　可知變化重複樣式的單位元素可提升幼兒函數與比例的思維能力，而重複樣式學習不只支持幼兒具有一般化的能力外，變化重複樣式也能提升函數與比例關係的推理能力。

另外，Tsamir 等人（2015）認為幼兒未入進入小學之前，先有重複樣式的基礎則有利於進入小學學習小數，特別是有機會遇到解決小數循環的問題，小數循環屬複雜重複樣式，而本研究設計未切割核心單位的複雜樣式較屬於大核心單位的重複樣式，幼兒學習未切割核心單位的複雜重複樣式可為學小數循環奠基。因此，學習複雜重複樣式對幼兒未來數學學習有效益。

總之，大多數的幼兒可以辨識及延伸簡單重複樣式，雖有少數的幼兒仍無法完成，但經介入樣式教學能提升幼兒樣式推理能力，他們不只會簡單重複樣式，還會延伸增長樣式、轉換樣式，及發展複雜樣式理解與解題技巧。更有研究者以複雜重複樣式挑戰幼兒推理能力，因此，本研究認為從簡單重複樣式開始學習，再進入複雜重複樣式學習，可透過引導提升幼兒樣式推理能力。

第二節　幼兒數學樣式教學模式

本研究為促進幼兒樣式推理能力成長，提出樣式教學模式，從尋找樣式、辨識樣式單位、標示單位、臆測單位、延伸單位到驗證樣式，幫助幼兒發展出複雜重複樣式的推理能力。幼兒數學樣式模式如圖 25：

圖 25　幼兒數學樣式教學模式

（一）尋找樣式

　　帶領幼兒發現樣式，先引導他們注意所呈列的物件具有循環重複出現的特性。Lynn（2013）發現幼兒在樣式推理中，以重複出現作為確認樣式的特性，不忽略掉規律探索，若要提升幼兒的推理，幼兒必須先學會以重複單位為判斷樣式的標準，再延伸樣式及增長樣式。

（二）辨識樣式單位

　　樣式推理教學的初始任務在引導學童確認是否重複樣式？吳昭容與徐千惠（2010）認為幼兒能完成樣式解題在於先辨識樣式中的單位。辨識樣式單位指能看出樣式排列中重複出現元素組成的單位。Cooper 與 Warren（2008）建構作業讓學生能覺察重複樣式與增長樣式之間的差異，例如 RB、RBB、RBBB、RBBBB 的樣式裡，R 每次都重複，但 B 實際上不斷發展，學生若能注意此兩種樣式的差異，察覺到何者增長？何者是保持一樣？則可以促使他們合宜反映到更複雜的樣式上。

（三）標示單位

　　Threlfall（1999）認為尋找樣式的核心單位是樣式推理關鍵；Sophian（2007）也提出尋找核心單位是學習數學概念基本要件，在幼兒階段引入單位可作為發展銜接數概念及程序知識與進階數學的一座橋樑。因此，樣式推理或一般化最基本要掌握是樣式的核心單位，如 ABABAB 核心單位是 AB，較複雜單位內有相鄰的元素如 ABBCABBC，核心單位為 ABBC；因此，辨識樣式後標示單位很重要。

（四）臆測單位

　　臆測單位指在標示單位後，臆測下一個核心單位是否會重複或循環出現。臆測被界定為一種合理的假設，陳英娥與林福來（1998）認為臆測是

個體面對問題時，提出一個合理猜測的過程。本研究的臆測指幼兒經觀察樣式後，根據前面出現過的樣式單位作下一個單位出現的合理推測。臆測與辨識樣式單位有密切的關係，因為在既定的資料中對既定的事實提出質疑，主要功能在根據樣式的結構能形成一般化。而樣式推理發展出的臆測能讓學生有機會在樣式推理下，進而判斷樣式是否能延伸？然後再驗證推論結果（Stylianides, 2009）。因此，Stylianides（2008）認為樣式－臆測－驗證存有線性關係，臆測必須經過辨識樣式單位而來。

（五）延伸單位

延伸單位是在持續延伸核心單位，無論是往直線或非直線的方向延續下去，核心單位會重複出現。Warren 與 Cooper（2008）認為延伸樣式能看出學生樣式推理一般化的理解程度。延伸樣式的重要性在幫助學習者能辨識樣式的規則與變化情形。

（六）驗證樣式

驗證主要功能是對接受的事實作有效的論證或拒絕數學的宣稱（Stylianides, 2008, p.11）。驗證樣式是指檢驗樣式在延伸單位時，是否與前面單位有循環、重複或增長的關係？驗證的目的在於解釋、校正（verification），及形成新知識（Stylianides, 2009）。當幼兒對延續排列的樣式單位對照前面出現過的核心單位，若核對成功則接受原先的臆測，再進行延伸樣式，發展出複雜重複樣式關係的新理解形成一般化，因而提升複雜重複樣式推理能力。從事樣式推理一開始會先排列重要事實成為有意義的樣式，使用樣式形成臆測及驗證，並以新的例證、修正臆測及提出可能的反例，再瞭解所提供的論證是否正確，並測試這些臆測即驗證。

因此，教學模式的教學流程，先由教師帶領幼兒尋找樣式，再進入辨識樣式單位、標示單位、臆測單位與延伸單位，最後驗證樣式。數學樣式教學模式是讓幼兒以循序漸進的方式學習樣式概念，若幼兒在學習過程中

遇到困難，教師則先在該階段停留，直等待幼兒在該階段熟練後，再邁入
下階段學習。

研究方法

　　本研究探討幼兒經由樣式教學之後的學習表現為何？教師如何實施樣式教學提升幼兒樣式推理能力？為此，本研究進行實驗教學及發展樣式作業以瞭解樣式教學的成效。

第一節　研究設計

　　本研究為探索性研究，以南部一所大學附設幼兒園兩班大班實施樣式推理教學，每班各三十名，平均年齡約 6 歲。其中一班為實驗組實施樣式教學模式；另一班為控制組維持原來樣式教學的方式。兩班依據幼兒園的數學教學目標與提供的坊間教材進行教學。實驗組參考幼兒園的數學教材設計樣式教學內容，並以符合幼兒認知發展的學習軌道，設計樣式教學活動完成樣式教學目標。兩班同時進行樣式教學，樣式教學期間從 104 年 1 月 2 日，每週一堂約五十分鐘實施八堂課，期間因遇放假兩週，教學延至 104 年 3 月 9 日，兩組的教學，如表 1。兩班幼兒在實驗教學前後接受前後測，並實施延後測；延後測與後測時間隔約二個月（6 月）施測。

第二節　研究對象與情境

　　兩班六十名幼兒，每班各三十名，實驗組有 18 位男童及 12 位女童；控制組 17 位男童及 13 位女童，平均年齡 6 歲，皆來自中社經地位家庭。兩班教師年資相當，畢業於教育大學幼教系。在兩班教師成員中，實驗組除主教教師外，另有教保員協助教學。由於研究者曾在幼兒園進行臨床教學熟識主教老師，實驗組主教老師也曾向研究者反應過她的數學教學困擾。爾後，彼此常有交換心得與教法的機會。因此，實施實驗教學時研究者邀請她從事教學，而研究者負責提供樣式教學理論與教學活動，教學前後研究者與主教老師共同討論教案及教學；控制組有兩位教師，一位主教老師，另一位教師協助教學（主要記錄學習檔及保育工作）。因為兩班的教學目

標相同，研究者會與兩班主教老師討論教學進度及教材。

第三節　教學內容

　　兩班實驗教學以重複樣式為主，教學內容包括直線與非直線，簡單及複雜重複樣式，而樣式教學配合幼兒園數學教材的學習目標設計教學。在實驗教學之前，兩班的教師先討論教學進度及教學方式，兩班的教學活動相似：1. 以故事帶入教學，控制組以故事（教材）帶入樣式教學；實驗組自編故事（生活議題、繪本）帶入樣式教學；2. 以遊戲增強概念，控制組課堂以個別遊戲，如桌遊加強數學概念，實驗組以團體遊戲加強數學概念；3. 教材操作練習，控制組操作坊間提供的數學材料，而實驗組除使用幼兒園提供教材外也自製教具如圖片輔助教學。實驗組與控制組不同在於依樣式教學模式將概念加以細分（依照教學模式），引導幼兒學習。

　　至於樣式教學方式，兩班的教法相似，引導幼兒辨識樣式單位時，先以背誦口訣（如糖果糖果餅干御飯糰 - 糖果餅干餅干御飯糰）的方式幫助幼兒熟練單位元素的變化；樣式排列都採逆方向延伸樣式（蛇形）的型式，每當幼兒完成樣式排列後，教師會要求幼兒計數樣式組合物件共有幾個，例如不同形狀或同類的物件共有幾個。至於實驗組一開始也會在簡單重複樣式教學時，複誦樣式單位元素（如綠紅藍綠紅藍），然而在複雜重複樣式教學時，因樣式單位元素多，加強幼兒發現樣式關係，先尋找樣式、辨識樣式單位、標示樣式單位等步驟，掌握單位元素的變化，兩組教學方法與內容，如表 3。

表 3 兩組教學方法與內容

樣式種類	實驗組		控制組	
	樣式結構	教學方法 & 內容	樣式結構	教學方法 & 內容
簡單重複樣式	1. ABC 元素不重複	「籃球比賽」排三色球 - 探索樣式	1. ABC 元素不重複	玩「購衣物」排三種衣物認 - 識樣式
	2. ABCD 元素不重複	「聖誕裝飾」用☆○△◇（色紙）- 辨識單位	2. ABCD 元素不重複	「選帽子」擺四種帽子 - 辨識樣式
	3. ABCCD 元素相鄰	「大家來修橋」比賽貼色紙 - 標示單位	3. ABCCD 元素相鄰	輪流「進學習區」（語文角兩次）練習 - 分辨相鄰元素
複雜重樣式	4. 複雜重複樣式 AABC-ABBC-AB CC 切割單位	「下午茶」操作茶品 - 臆測樣式及延伸樣式	4. 直線複雜重樣式 AABC-ABBC-ABCC	「早餐店點餐」漢堡薯條三明治 - 練習分割樣式
複雜重複樣式非直線 AABC-ABBC-ABCC	5. 非直線複雜重複樣式 AABC-ABBC-ABCC 切割單位	「阿平菜單」排圖練習 - 臆測樣式	5. AABC-ABBC-ABCC 切割單位	「整理零食盒」糖果餅干御飯糰 - 練習認識核心單位
	6. AABCABBCABCC 未切割單位	「白鵝農莊」排圖卡△□○△△□□○△□○○ - 臆測、延伸樣式	6. AABC-ABBC-ABCC 切割單位	「圖形排序」操作△△□○ - △□□○ - △□○○ -（復誦單位）
複雜重複樣式非直線 AABC-ABBC-ABCC	7. AABCABBCABCC 未切割單位	「青青草原」表徵動物 - 延伸、驗證樣式	7. AABCABBCABCC 未切割單位	「彩色火車」積木排火車車箱 -（復誦單位）
	8. AABCABBCABCC 未切割單位	「照顧」操作圖卡 - 延伸、驗證樣式	8. AABCABBCABCC 未切割單位	「旋轉木馬」排圖形木馬座椅（復誦單位）

第四節　評量工具

　　評量工具分兩種，一種是「幼兒樣式推理作業」，使用在實驗教學前、後測及延後測，目的在瞭解樣式教學的成效；另一種是「課堂樣式推理作業」，於課堂教學後使用，目的在瞭解幼兒當週樣式學習情形，並作為下次教學及修正教學參考。

一、評量工具設計原則

（一）每一種作業樣式單位延續三個以上

　　根據 Tsamir 等人（2015）的研究發現，樣式的單位完整性及延續性會影響幼兒推理表現。故本研究評量工具的樣式至少連續三個單位以上，而且每一個單位至少由四個以上的元素組成，目的在於瞭解幼兒經由介入教學之後，推理表現是否能超越過去的研究—幼兒只會辨識 ABCABC 樣式（Clements &Sarama, 2009）？因此，研究工具的樣式作業難度較高，每個樣式作業都是三個單位以上連續排列的樣式。

（二）以非直線性樣式為主

　　Mouhayar（2014）認為學童會直線性樣式推理，在樣式一般化的表現比非直線的樣式表現好，而且不一定會非直線性的樣式推理。本研究設計非直線的複雜樣式作業，探討幼兒是否經由樣式教學能克服非直線樣式推理的難度完成作業。

（三）實作評量

　　本研究設計的兩種樣式作業都採實作評量。施測的過程中，「課堂樣式推理作業」由幼兒操作擺放物件或畫圖或著色完成作業。「幼兒樣式推理作業」以物件填充空缺或空白部分的方式完成作業，物件包括移動式的

圖片或圖形。

二、評量作業編製與實施

（一）幼兒樣式推理作業

「幼兒樣式推理作業」有四個重複樣式作業，供教學前、後測及延後測的評量使用（施測時與增長樣式及數形同時施測）。作業先經過預試，將初步預測的結果編製 8 個重複樣式作業，再針對 4.1 歲至 6.4 歲的 62 名幼兒施測，從中篩選出適合六歲兒童樣式推理的作業，並修正與刪除不適合的題型，例如將原本設計 ABC 簡單重複樣式作業加以刪除（共四題），保留四個至少有四個元素以上的重複樣式作業（除四個元素外，並增加樣式元素及排列方向）。預測的 α 值為 .70，作業如圖 25 至圖 28（陳埩淑，2017）。作業計分方式是正確完成者得 1 分，錯誤或未完成以零分計，答對四題共 4 分。

圖 26　簡單重複樣式

圖 27　簡單重複樣式

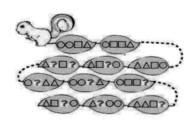

圖 28　切割單位複雜重複樣式

圖 29　未切割單位複雜重複樣式

　　正式樣式作業編製完成後，為使作業能吸引幼兒投入解題，請幼教師提供施測的方式及指導語的建議。施測時，對幼兒說明是玩益智遊戲，也說明作答方式，並告知仔細審題、思考及作判斷，再拿取合適的物件排列樣式或補足樣式單位中的空缺，以完成作業解題。施測採一對一的方式進行，由幼兒逐一完成。在完成每一項作業後，施測者訪談受試者：「你怎麼知道要這麼做？」受試者可以動作、言語說明使用解題的策略，每位幼兒約 15 分鐘完成四個作業，評量過程中拍照攝影。

（二）課堂樣式推理作業

　　為瞭解實驗組重複樣式教學後幼兒學習情形，設計八堂課的「課堂樣式推理作業」，實施時間在課堂結束前十分鐘，由幼兒個別完成。作業作答的方式由幼兒畫圖、粘貼物件或著色完成，並由教師校正作答的正確性，研究者並於課後統計全班正確完成作業人數，再計算出全班答對的平均數，如表 4。

三、評分

　　本研究以量化與質性資料建構評分一致性。本研究評幼兒樣式推理表現，會針對幼兒答題加以歸納分類。量化資料方面，答對者以一分計，答錯及答一半者以零分計，計算出六十名幼兒接受前、後及延後測樣式評量成績。在質性資料方面，幼兒在前、後測及延後者施測過程中，施測者針對每一題幼兒作答後，訪談、錄音及記錄解題使用的策略，問：「你怎麼知道要這麼做？」，再將資料比對及分類：完成樣式作業、完成一半及未完成（答錯）的三類，分類後可提供建立評量原則，並瞭解幼兒對樣式單位的理解程度。如完成一半的幼兒說：「用算的」（C3）、「我已經數過了」（C4）、「因為看前面的」（C5）。完成者會說：「因為是重複樣式」（C20、23）或「看到單位」（C28）；未完成的會說：「不知道」（C31）及「就是這樣」（C38）。研究者將這些質性資料與量化資料作對比，完成評分

者一致性之建構。

◀ 第五節　資料蒐集與分析

　　資料蒐集包括觀察、攝影教師樣式教學，以及對研究對象訪談。之後進行量化分析與質性分析，質性分析以質性描述幼兒學習樣式推理的歷程；量化資料以評量來分析教學成效。資料分析在量的方面，因為幼兒樣式推理表現評量分兩種。首先對「幼兒樣式推理作業」前、後測的結果加以整理，並將資料進行統計分析，如使用共變數分析兩組之間的教學效果。同時，以 t 考驗瞭解實驗組前、後測的表現。另外，在幼兒課堂樣式作業表現方面，本研究將每一堂課幼兒學習成效，以正確完成作業作為指標，並計分統計，再以全班平均數呈現每堂課的教學成效。在質性資料方面，將拍攝影片及訪談錄音內容經轉譯後作資料分析，分析時先將觀察、訪談的資料加以編碼，如 O：教學觀察；T：教師；C：幼兒；I：訪談。檢視蒐集到的樣式教學錄影、訪談教師的觀點及幼兒反應的一致性。

研究結果與討論

　　回應本研究研究目的分二部分說明，第一部分敘述在教學歷程中教師如何進行樣式教學提升幼兒樣式推理能力；第二部分由樣式作業評量結果顯示教師樣式教學成效。

◀ 第一節　幼兒數學樣式教學實施　　　　　　　•••

　　教師實施重複樣式推理教學，先瞭解幼兒樣式概念發展及學習動機，並配合活動引導幼兒學習。由於 Klein 與 Starkey（2004）提出幼兒理解抽象的樣式概念是逐漸發展出來的，主張應在幼兒樣式學習階段提供愉快的經驗，將有助於學童發展出樣式推理能力，甚至後來學習代數都能具有積極正面的態度。實驗組教師為引起幼兒學習興趣透過故事、遊戲及操作帶入樣式概念。引用的故事內容包括生活紀律（阿平菜單）、品格教導（大象班下午茶、白鵝農莊、照顧）及認識大自然現象（青青草原），再藉由故事情節的轉化幫助幼兒發現樣式，進而學習複雜樣式的推理，也將故事作為樣式解題的背景，讓幼兒探索樣式，尋找辨識樣式核心單位、練習標示單位、臆測單位、延伸樣式及驗證樣式，完成樣式推理任務。

一、以遊戲尋找樣式

　　遊戲能激發概念發展與問題解決的能力（Bodrova & Leong, 2007）。教師以投籃遊戲帶領幼兒探索及辨識樣式。教師先將幼兒分成三組（綠、紅、藍）玩投籃比賽，幼兒玩兩三回後，教師以綠紅藍（ABC）圖卡表徵三種顏色的球，請幼兒將投擲結果依比賽的名次。第一、二、三依序貼圖卡在白板上加以排序，也請幼兒排列時要唸出圖卡顏色的順序：綠 - 紅 - 藍 - 綠 - 紅 - 藍，幼兒發現籃球是有規律的排列著，這時教師適時帶入「樣式」的定義。

　　T：那我們要利用第一名和第二、三名的排名來排一個樣式喔！

要怎麼排呢？譬如說，綠、紅、藍，那下面就還要？綠、紅、藍，再來接下去呢？就是要排一個重複，像排隊那樣有重複的、有秩序、有規則的排喔！這就是樣式，排了以後要反覆喔！綠、紅、藍，下去是？

C：綠、紅、藍，綠、紅、藍。

T：所以，樣式就是要這樣排！如●●●●●●●●●

C：好漂亮喔！

幼兒看著規則排出來的顏色驚呼！

　　教師利用遊戲比賽幫助幼兒理解「樣式」的定義，讓幼兒認識由綠、紅、藍三種顏色重複出現所排列的組合稱之為「樣式」，也是由 ABC 三個不同元素構成的簡單重複樣式，因而教師對「樣式」下定義就是有重複的、有秩序、有規則的排列出現的組合，幼兒得知綠 - 紅 - 藍三種顏色重複出現的現象，就是「樣式」。這如 Lynn（2013）所提幼兒要在樣式推理中，找到規律確認樣式有重複出現的特性，幼兒學會以重複單位為判斷樣式的標準，再發展出延伸的樣式。

二、辨識及標示樣式單位

　　教師掌握樣式結構是由核心單位排列形成，在設計的遊戲情境中，讓幼兒認識「樣式」之後，還要幼兒在樣式中發現一組一直持續出現的重複單位－「核心單位」。幼兒除認識樣式外，也需獨自尋找樣式中的單位，而核心單位的概念必需由教師加以說明。

T：大家要來找出單位！什麼是單位呢？就是紅、黃、藍一組完了以後，還要再一組紅、黃、藍，而紅、黃、藍這就是一個單位。所以請你們要找到單位，在哪裡？畫看看！

老師請一位男生來畫在兩組紅黃藍之間用 "/" 隔開，再畫第三組

單位，如 ●○○●/●○○●/●○○●/

　　因為在多種變項元素組成的樣式中，能順利解題需要單位化（歸納、組織元素為一個單位）的能力。核心單位在樣式中是持續出現，Tsamir 等人（2015）認為在延續的重複樣式中，幼兒才能辨識並標示單位。而 Orton 與 Orton（1999）提出為加強幼兒樣式循環概念應由幼兒去延伸樣式，而一次只增加一個元素，並標示樣式單位。

（一）標示不相鄰元素樣式單位

　　教師安排幼兒創作樣式瞭解他們辨識樣式單位的理解程度。教師提供四種不同顏色與圖形（☆○△◇）的彩色紙，幼兒把這些圖形當吊飾黏在一長條的緞帶上，掛在牆壁上佈置教室，而各組都能正確排列出 ABCD 四個元素不相鄰的樣式。

　　因此，教學一開始教師以遊戲帶領幼兒探索樣式，把樣式概念蘊含在遊戲中，幼兒從遊戲瞭解數量形關係，而學會辨識樣式及標示出單位。

（二）標示相鄰元素樣式單位

　　為使幼兒能從不同的樣式結構中探索、辨識單位及擴展樣式規則，進而作臆測推理。教師引導幼兒在有結構且多向度的樣式中找核心單位。樣式教學活動從簡單的重複樣式 ABC 的結構，改變為增加兩個元素且有相鄰的 ABCCD 重複樣式結構。

　　教師以「大家來修橋」的故事作為學習脈絡—從東村到西村要經過一座橋，橋面上缺一個洞，村民一直不理會，直到有一天刮颱風，橋斷了，帶給兩村村民生活物資供給及交通不便，村長才叫大家來修橋，他規定橋面要以四種顏色的木頭鋪地板，鋪的樣式需有顏色相鄰如 ABCCD，使修好的橋成為一座彩色橋。教師拿出一張畫有一座四色橋的大海報，請幼兒站在這座橋前面先辨識 ABCCD 樣式，再標出單位。全班分成兩隊比賽在

教室的地板上造橋，在幼兒合作下用四種色紙排列出 ABCCD 樣式，造出兩座彩虹橋，如圖 30。

　　活動結束後，教師也發下四種顏色的色紙剪成長條形，分給每一位幼兒自由創作造彩虹橋，幼兒把色紙依序黏貼在畫好的吊橋上（圖畫紙），再由教師檢查學習活動的成果。但在個別造橋時，全班有四分之一的幼兒必須撕掉色紙重貼，因為幼兒貼錯樣式。由於這個作業增加了相鄰的元素，且師生之間的使用表徵方式不同所致。

　　教師教學時遇到與幼兒會使用符號表徵的差異影響教學成效。如教師在呈現樣式單位時會使用數字表徵代表樣式的「序列」。以 12345 代表「數量」，如 1 代表 1 個；2 代表 2 個；3 代表 3 個。教師在「大家來修橋」活動中，標示單位內重複相鄰的元素時，以口訣提示幼兒四種顏色排列的變化，以 1121 表徵四種顏色排列方式，也當作拆解樣式結構的密碼。如 1121 的 1 表示一種顏色出現一次，2 表示顏色出現兩次，所以五條色紙出現的數量為 1121，但與幼兒的表徵方式大不相同。因為幼兒標示物件排列為 12334，1 代表綠色，2 代表橘色，3 代表黑色，而 33 表示黑色出現兩次，4 代表咖啡色。因此，師生之間不同的表徵方式，致使幼兒在學習這類樣式標示單位時，形成認知衝突，故有四分之一的幼兒無法完成課堂的樣式作業，但經解說後，幼兒全部完成作業。

圖 30　ABCCD 樣式

　　由此活動顯示幼兒能以符號表徵從事相鄰元素樣式推理。同時，幼兒也能完成 ABCCD 樣式推理，克服 Rittle-Johnson 等人（2013）的研究所提有些幼兒無法複製 ABB，反而會把 ABB 變成 ABAB 的樣式排列的困難。

另外，大部分幼兒能掌握樣式規律完成單位內有重複元素且相鄰的樣式作業，未如吳昭容與嚴雅筑（2008）研究發現在解樣式題時幼兒只用一一對應的方式解題，反而是大部份的幼兒會運用數字表徵解題。

三、臆測樣式單位

幼兒能從 ABCCD 樣式學會掌握單位中變化的規律，在辨識大單位樣式後，幼兒要進入複雜重複樣式的臆測。教師先帶領幼兒學習臆測完整單位重複樣式，再臆測不完整單位重複樣式，從直線複雜重複樣式深入非直線複雜重複樣式解題，並能類推單位及臆測單位形成一般化。

1. 複雜重複樣式完整單位臆測

樣式核心單位的長度會影響幼兒樣式推理。由於幼兒在臆測樣式之前，要先找到樣式變化規則才能臆測樣式。在直線樣式中為協助幼兒尋找核心大單位，教師先把大單位細分成幾個次單位，並配合故事引導幼兒看到單位元素變化的規律。

教師先回到第一步驟讓幼兒學習尋找樣式，從排列的物件中找出第一個樣式單位。幼兒由「下午茶」的故事進入複雜樣式概念學習。故事描述：大象邀請青蛙、大熊及小白兔來他的家喝下午茶，大象準備他們愛喝的飲料分別是青蛙愛喝的綠茶、大熊的紅茶及小白兔的奶茶。倒飲料時，青蛙說他太渴了，要先喝兩杯綠茶，而大熊只要一杯紅茶、小白兔一杯奶茶，排列出「綠茶 - 綠茶 - 紅茶 - 奶茶」。大家喝了飲料之後，大熊突然說他也要喝兩杯紅茶，所以大象就倒給青蛙綠茶一杯、大熊紅茶兩杯，小白兔奶茶一杯即「綠茶 - 紅茶 - 紅茶 - 奶茶」。倒完之後，這時小白兔也叫著說他也要兩杯奶茶才公平「綠茶 - 紅茶 - 奶茶 - 奶茶」。

C：啊！每一種茶都有人喝兩杯，三種茶，就每一種都喝掉四杯！
　　輪三次共 12 杯，很公平！所以大象這一回就倒了十二杯茶給

大家，再一回合也是十二杯！

T：每次都會重複出現就是核心大單位，也是樣式推理中要掌握
的。

為讓幼兒能理解核心單位元素變化，教師安排讓幼兒在真實經驗中學習樣式，除提供預備好的三種茶讓幼兒品嚐外，教師把三種茶的圖卡排在白板上，讓幼兒排出核心單位，再由幼兒在白板上標示出單位，如圖31。

圖 31 直線複雜重複樣式

幼兒能從這個活動中領悟到樣式的變化，瞭解一個大的核心單位是由三個元素變化增長重複組成。同時，在教師的帶領下，幼兒在標示單位時有大單位的概念。幼兒從「下午茶」的活動中，能看到三種飲料數量的變化，得知樣式元素變化的規則及樣式結構。

2. 不完整單位重複樣式臆測

教師為讓幼兒能在樣式結構中臆測單位，設計不完整單位的樣式結構，先讓幼兒辨識完整樣式的單位之後，再讓幼兒發現不完整單位欠缺的元素，而補足合適的單位元素，進而瞭解樣式的深層結構。再以「下午茶」情境為複雜重複樣式學習的脈絡，以三種飲料作為單位元素設計不完整單位的樣式供幼兒推理。

教師先以遊戲方式讓每位幼兒持有三種飲料的卡片，排成一行，再把指揮棒交給一位志願當領袖的幼兒，依照三種元素（綠茶、紅茶、奶茶）

每輪一次增加一個元素為原則排成重複樣式,再由領袖以指揮棒切割單位,
找出大的核心單位,而元素排列可由領導者決定從那一種飲料開始排起,
但必須排出三個單位以上的重複樣式,而其中最後的單位要不完整。在練
習活動結束後,教師讓幼兒練習不完整單位的樣式臆測,提供的樣式作業
如下圖 32:

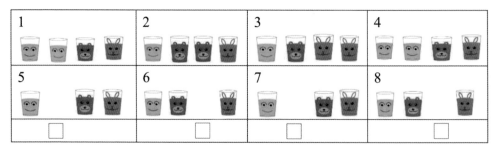

圖 32　不完整樣式單位作業

　　在圖 32 的作業中,教師把樣式的核心單位分成三個次單位,先讓幼兒
明白每個單位元素變化的情形,再讓他們推測出下一個延續單位的變化,
並補齊單位中欠缺的元素。幼兒以符號表徵單位元素,可用繪畫、數字、
語言,圖表表徵數學概念和關係(Greenes, 1999; Owen, 1995)。這個作業
需要幼兒先確認單位後,再把空缺處以顏色表徵飲料。幼兒以綠紅棕三色
塗滿圖 32 的正方形空格完成作業。如在 5 的格子裡應補上綠茶,故正方形
的框框要塗綠色。

　　整體而言,這個作業有 88% 幼兒完成,其餘未完成的幼兒大都在表
徵符號轉換上有困難,因為這個作業需要幼兒調整他們的認知結構,和記
憶飲料的表徵顏色與樣式結構,並克服在不完整單位結構中完成任務。依
Tsamir 等人(2015)的研究發現,幼兒較習慣在線性且完整結束單位的樣
式結構中解題,若在延續的樣式中,給予不完整的單位,幼兒無法正確的
臆測這類樣式及瞭解樣式的結構,幼兒更無法延伸這類樣式。而依本研究

進行不完整單位複雜重複樣式的教學下，有 88% 幼兒能完成這類的作業。

四、延伸及驗證非直線複雜重複樣式

幼兒在辨識簡單重複樣式時會參照前面出現過的單位，以左右手對應的方式尋找單位，左手指著前面單位的元素，右手搜尋下一個單位的元素，以一一對應的方式依序找尋相對應的元素，如左手食指按著 A，右手手指跟著找下一個單位中的 A，依此方式來回搜尋，直到每一單位中的每個元素都對應到為止，才完成樣式辨識任務。由於本研究設計的複雜重複樣式結構，樣式單位是由三個元素變化數量及方向而成，元素的排列依序輪流加 1 且相鄰，核心單位共有十二元素，樣式的結構較為複雜。幼兒必須掌握樣式排列的規則才能臆測及延伸樣式。因此，若幼兒仍固著心智解複雜重複樣式作業時（吳昭容、徐千惠，2010），以一一對應的策略辨識核心單位，在延伸樣式時就會失敗，因為應用一一對應策略在視覺廣度受限之下，無法掌握樣式大單位元素的變化。

另外，在複雜重複樣式的排列上加上方向的變異，難度高將挑戰幼兒樣式推理的能力。前述幼兒已熟悉直線單位元素同方向排列方式，當複雜重複樣式的排列方向改變，延伸樣式時須注意到單位中元素的排列方向是否一致？因此，幼兒要能掌握單位元素數量的改變及方向變換發展出新的解題策略因應。

（一）切割核心單位延伸與驗證樣式

為幫助幼兒克服非直線複雜重複樣式的難度，教師的教學策略是先將核心大單位切割成三個小單位，讓幼兒先掌握以一個小單位中元素的變化，如 AABC，再檢查第二小單位 ABBC，最後再查看第三個小單位 ABCC 的排列。當幼兒理解三個元素各輪流增長一次後，再結合三小單位為一個大的核心單位，然後，再找出下一個核心單位延伸樣式。

在延伸非直線複雜重複樣式教學活動中，教師仍以故事引入樣式推理，

以幼兒生活紀律為主題，以「阿平菜單」故事為脈絡，描述阿平愛吃零食，不吃正餐導致肚子痛，為幫助阿平建立良好飲食習慣，請幼兒幫忙設計菜單，教師問他們建議阿平應吃哪種食物最健康？教師用圖形讓幼兒聯想食物種類、表徵食物及排列食物，如圖 33，媽媽的菜單。

老師拿出圓形、正方式及三角形，分別問這三種圖形可以代表什麼食物，拿出圓形時，

C：荷包蛋、蘋果、西瓜、⋯

老師把幼兒所說的食物圖片排列在圓形圖片的下方，如圖 33。

T：接著我們要來比賽，排兩排，這是媽媽的菜單喔！

教師畫出餐桌擺放盤子的順序，先讓幼兒瞭解每一盤食物擺放的原則，一天三餐有三個盤子，由幼兒分兩組排列食物樣式，並標示單位。老師在白板上各貼了 9 個盤子，第一個盤子放 2 個圓、1 個三角形跟 1 個方形，第二盤放 1 個圓、2 個三角形與 1 個方形，第三盤放 1 個圓、1 個三角形跟 2 個方形。老師指著盤子

T：是從左邊開始，你們要注意方向喔！這是媽媽的菜，請看上面的圖形早餐中餐晚餐為一個單位，所以是一天，那上面總共有幾天呢？

C：3 天

T：那我現在請一位小朋友們上來幫我畫單位，一天為一個單位喔！一天結束之後這樣才會重新開始。

接著小朋友開始輪流上台貼上每天不同的圖形變化。

T：眼睛睜大一點來看看喔！早餐午餐晚餐，為一個單位喔！之後每位小朋友輪流上去貼圖形，比賽結束之後作驗證。

T：我們來看看左邊的對不對？左邊的小朋友在早餐貼上 2 個圓、1 個三角形跟 1 個長方形，在午餐貼上 1 個圓、2 個三角形跟 1 個長方形在晚餐貼上，1 個圓、1 個三角形跟 2 個長方形（各

重複 3 次）。

T：左邊的答對了！我們來看看右邊的小朋友在早餐畫上 2 個圓、
1 個三角形跟 1 個長方形，午餐畫上 1 個圓、2 個三角形跟 1
個長方形，在晚餐畫上 1 個圓、1 個三角形跟 2 個長方形（各
重複 3 次）。

圖 33　以圖形表徵食物

　　當幼兒瞭解核心單位方向不同及單位元素之間的變化，再經教師的提
示與帶領驗證以及在全班幼兒共同監控下，幼兒正確完成切割單位重複樣
式。活動結束後，幼兒以個別練習方式完成非直線切割單位樣式作業，如
圖 34，是其中的一名幼兒在盤子上面依數量的變化畫三種幾何圖形的排列
方式，並在連結線上以藍色線標示單位所在。全班的幼兒 100% 能完成非
直線切割單位重複樣式的作業。

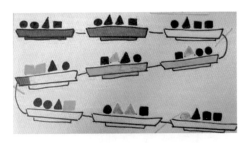

圖 34　切割單位的複雜重複樣式

（二）延伸與驗證未切割核心單位重複樣式

　　未切割核心單位是指樣式核心單位由三個元素各增長一個元素，且元素之間是連續相連，如 AABCABBCABCC 組成，加上延伸時排列方向會改變。幼兒學習這類樣式的先備經驗須熟練已切割的核心單位複雜重複樣式。

　　這類的樣式安排「白鵝農莊」、「青青草原」及「照顧」三堂課進行教學。教師仍帶領幼兒先辨識樣式、標示單位、臆測單位及延伸單位。至於，未切割核心單位重複樣式的第一堂課「白鵝農莊」教學後，只有 51% 幼兒完成樣式作業。因為這是幼兒初次接觸這類的樣式，再加上課堂作業要求幼兒標示單位後，畫出多延伸一個單位，如圖 35。因為幼兒遇到標示核心單位的困難，為克服難題，教師再設計「青青草原」活動。在進入非直線切割單位及切割單位的解題中，教師幫助幼兒先學習樣式表徵。教學活動由幼兒以分組合作競賽方式練習這類的樣式，幼兒扮演小動物玩類似母雞帶小雞的遊戲，組員戴幾何圖形頭套表徵動物如三角形表徵豹、正方形表徵象、圓形表徵熊。為抵抗怪獸侵襲，隊員排成核心單位組成守護團隊，由隊長帶領討論標示單位，每組為一個核心單位，連續排三組核心單位，並蜿蜒排列形成堡壘，再由隊長校正每組樣式排列的正確性。這次活動由幼兒自發性排列樣式，以分組的方式組成核心單位，並在討論中延伸樣式與校正樣式，在標示單位及校正樣式時由兩隊隊員自行討論老師未介入，有 64% 幼兒能完成樣式作業。

圖 35　「白鵝農莊」複雜重複樣式作業

　　教師再安排第三次未切割核心單位複雜重複樣式的學習-「照顧」。「照顧」的故事由「老樹上的小鳥」繪本改編而來，描述樹上一隻母鳥除了照顧兩隻雛鳥外，還要特別去照顧鄰近一棵樹上的老鳥，母鳥每天不停在兩棵樹之間來回餵食雛鳥及老鳥。教師以■●▲圖卡表徵三種食物，以圖形讓幼兒聯想食物。幼兒討論後以圖形表徵鳥兒愛吃的食物。母鳥一天要餵三餐，每天來回的餵，連續餵食好幾天。幼兒依序排列出老鳥、雛鳥及母鳥所需的食物，老師拿圖卡給幼兒排列樣式，延伸及驗證樣式，如圖36所列。

T：請小朋友上來排母鳥餵食的情形，再由大家來驗證排得對不對？

C1 在白板上排1個方形1個圓形1個三角形　　　　　　　　　排列樣式

　C：錯了！

　T：錯在哪裡？　　　　　　　　　　　　　　　　　　　校正

　C：要2個正方形。

　T：我們讓他重新排排看。

C1 排1個方形2個圓形1個三角形，1個方形1個圓形2個三角形。　重排樣式

　T：大單位到底在哪裡呢？我們請一位小朋友上來畫畫看。　辨識單位

C2：2個三角形那邊畫一條線。

　T：那第2天呢？　　　　　　　　　　　　　　　　　　延伸樣式

C2：在2個三角形那邊畫一條線。　　　　　　　　　　　標示單位

　T：為什麼知道大單位在哪裡？　　　　　　　　　　　臆測

C2：因為看清楚了！

　T：那是怎樣看清楚？

C2：因為到2個三角形之後又重複了。　　　　　　　　　延伸

　T：喔，原來是一直再重複阿！　　　　　　　　　　　驗證

　T：那怎樣的變化？

C2：1個長方形變成2個又變成1個。

　T：那圓形呢？

C2：小朋友說：1個圓形變成2個又變成1個。

　T：那三角形呢？

C2：是1.1.2.　　　　　　　　　　　　　　　　　　　以符號表徵作驗證

圖 36　「照顧」延伸與驗證樣式範例

　　在這個活動中，幼兒瞭解單位元素變化的關係，從辨識樣式、標示單位，並修正樣式的延伸樣式。幼兒在驗證樣式時，會使用數字符號表徵作驗證。顯示，在高階複雜重複樣式推理的過程中，幼兒練習圖示及符號的表徵。圖示的表徵主要是先讓幼兒聯想幾何圖形可表徵的食物及動物，同時加入脈絡化的解題的背景，幼兒較能理解這類複雜的樣式。教師並讓幼兒有個別解題及加入「驗證」樣式練習的機會，過程中教師引導幼兒校正，不斷的澄清元素變化的部份。同時，課堂樣式作業也簡化複雜度，如圖 37，列與列之間的距離拉開後，教學結果是幼兒可以 90% 完成作業。經驗證樣式後，幼兒能掌握概念排列出正確樣式核心單位是 ■■●▲■ ●●▲■ ●▲▲。

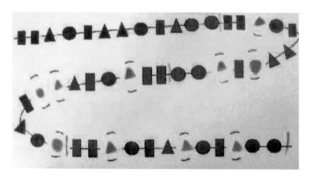

圖 37　「照顧」複雜重複樣式作業

　　教師為讓幼兒能臆測之後正確延伸樣式，改變樣式評量作業的方式，而以移動式的作業讓幼兒驗證完成任務，教師用類似 S 型的紙條貼在白板上，紙條上面貼有長方形、三角形及圓形不同數量變化的樣式，讓幼兒辨識單位。作業的目的為讓幼兒學習自我驗證，確定所臆測的是否正確？教師在長條型的紙條貼上圖形，且■ ▲●圖形排列成不完整單位，讓幼兒以黏貼的方式填滿空缺處。S 型紙條先出現 AABCABBCABCC 樣式，再出現 AABCABBCAB＿、AABCAB＿＿CABC＿，讓幼兒臆測下一個單位空白處

應出現的圖形，再由幼兒拿取正方形、三角形及圓形圖卡放入空白處。幼兒在過程中學會審視排列的樣式，因為單位要一直延伸下去至少有三個以上的樣式單位，而且在這類似 S 型的曲線中還要瞭解重複樣式是由大單位 AABCABBCABCC 組成，也要明白因為樣式方向的改變單位元素排列也隨之更動。

在這非直線樣式的學習中，幼兒學會核心單位的臆測及延伸樣式，因核心單位元素數目及方向改變，推理教學方式也要變化，而這類的樣式需擴展視覺廣度，且要掌握單位元素變化情形。幼兒在這次「照顧」課堂上有 90% 可以完成的樣式作業。幼兒在「照顧」的學習表現上，因為這堂課已是幼兒第三次學習未切割核心單位複雜重複樣式，所以他們比較能掌握核心單位，並在驗證中確認排列樣式的正確性。

幼兒在學習複雜重複樣式的過程中，對切割單位樣式的推理比未切割單位的表現好，而非切割單位複雜樣式經過三堂課學習之後表現才有提升。顯然，非直線未切割的複雜重複樣式對幼兒而言是一大挑戰，經過教師多次的引導讓幼兒發現樣式單位元素的變化與樣式方向的改變，幼兒才會複雜重複樣式推理。在 Krebs（2005）的研究中發現學生能完成直線樣式解題，但不一定能完成非直線樣式作業，然而本研究設計 S 型的複雜重複樣式經教學引導後，90% 的幼兒能完成這類的樣式，也回應 Threlfall（1999）以蛇形樣式延伸作業發展幼兒樣式推理能力的可行性。本研究更從 S 型複雜樣式設計中提供幼兒延伸樣式的機會，幼兒的表現也如 Warren 與 Cooper（2008）所提在延伸樣式能看出學童在樣式推理一般化的理解程度。

綜合上述，本研究的複雜重複樣式類型包括直線複雜重複樣式、非直線複雜重複樣式，而教學模式將複雜重複樣式結構藉由尋找樣式 - 辨識樣式 - 標示樣式 - 臆測樣式 - 延伸樣式 - 驗證樣式，先讓幼兒瞭解樣式結構進而從事樣式推理。樣式學習軌道也因幼兒學習反應而修正，如簡單重複樣式教學線性逐步前進，對於複雜重複樣式的教學則採間接循環的方式，等

幼兒辨識樣式結構之後再進入下一個階段，同時，在教未切割單位複雜重複樣式時，先將核心單位元素隔開幫助幼兒辨識樣式與臆測樣式再延伸。因此，本研究發現幼兒經過樣式教學後能提升複雜重複樣式推理能力。

第二節　幼兒數學樣式教學成效

這一部分回應研究問題二，經樣式教學後幼兒學習表現為何？這部分藉由兩種評量來檢驗：一種是「課堂樣式推理作業」，即幼兒在每一堂樣式教學後的學習表現，另一種為「幼兒樣式推理作業」就是在介入教學前後實施的評量。

一、幼兒課堂樣式推理表現

「課堂樣式推理作業」有八個作業，包括簡單重複樣式的推理 ABC、ABCD、ABCCD 以及直線複雜重複樣式，教師以故事、遊戲、操作的方式幫助幼兒理解樣式概念後完成作業。經教學後幼兒的推理表現能超越過去研究的發現，幼兒不只會 AB 和 ABB 的樣式推理，還會更複雜的 ABCCD 和 AABCABBCABCC 複雜重複樣式推理。表 4 可看出幼兒學習簡單重複樣式時，樣式推理正確率可達百分之百，而在複雜重複樣式學習，尤其在非直線未切割複雜重複樣式表現上，正確完成第 5 至第 8 的「課堂樣式推理作業」平均數從「白鵝農莊」的 .52 進步到「青青草原」的 .64，最後可以達到「照顧」的 .90，顯示他們複雜重複樣式推理能力逐漸提升。

綜合上述的資料分析，本研究結果顯示幼兒經樣式教學不只會簡單樣式推理，且會在擴大樣式核心單位下，掌握複雜重複樣式的規律變化作推理。複雜樣式的複雜度包括單位元素的數目增加及非直線樣式排列。本研究六歲幼兒經樣式教學後的表現，如 Mulligan 等人（2012）所提幼兒會以不同的方法發展出數量形結構的理解，並注意到樣式單位重複及空間結構；也如 Papic 等人（2011）發現在幼兒發展樣式過程中會覺知、記憶並複製

表 4　實驗組課堂樣式教學的幼兒表現

教學活動	樣式種類	人數	平均數	標準差
1. 籃球比賽	簡單重複樣式 ABCABC	27	1.00	.000
2. 聖誕吊飾	簡單重複樣式 ABCDABCD	27	1.00	.000
3. 大家來修橋	相鄰元素重複樣式 ABCCDABCCD	27	1.00	.000
4. 下午茶	直線複雜重複樣式 AABC-ABBC-ABCC	26	.88	.326
5. 阿平菜單	非直線性切割單位重複樣式 AABC-ABBC-ABCC	26	1.00	.000
6. 白鵝農莊	非直線未切割單位重複樣式 AABCABBCABCC	27	.52	.509
7. 青青草原	非直線未切割單位複雜重複樣 AABCABBCABCC	28	.64	.488
8. 照顧	非直線未切割單位複雜重複樣式 AABCABBCABCC	30	.90	.305

註：每一作業正確完成計 1 分；未完成及錯誤為 0 分。

排列數量及幾何圖案。同時，本研究更發現實驗組幼兒的表現已超越 Papic 等人的研究，幼兒能尋找到複雜重複樣式的規律，並進一步能辨識出複雜重複樣式結構找到核心單位解題。再者，過去的研究指出樣式介入教學有成效（Papic, 2013; Papic & Mulligan, 2005;Starkey, et al., 2004），本研究設計教學模式在成人的引導下幼兒的樣式推理能力提升，也證實樣式介入教學有效。

二、 幼兒數學樣式教學成效

（一）兩組幼兒樣式推理表現

　　為比較實驗組與控制組學生在不同教學模式下其學習成效的差異，研究者採用單變量共變數分析。為滿足單變量共變異數分析的條件，先進行組內迴歸係數同質性檢定。兩組迴歸線斜率相同，符合共變數迴歸係數同

質性假定，接著進行第二步驟共變數分析。以「幼兒樣式推理作業」四個測驗的後測成績為依變量，前測成績為共變量，藉以排除兩班前測成績之差異，進行共變數分析。共變數分析結果之 $F(1, 58)=48.90$，$p = .000$，達顯著水準。由此可知，在不同教學模式下，幼兒後測成績進步的幅度達顯著差異，亦即兩組不同教學下，樣式教學模式能提升幼兒的推理能力。

（二）實驗組學習成效

根據表 5 的數據資料，實驗組學生在樣式教學後，表現在「幼兒樣式推理作業」四個測驗的後測平均數比前測平均數進步 2.63 分。經統計考驗 $t(58)=10.61$；$p=.000$，前後測的分數有顯著差異。而且幼兒在延後測的成績仍保持學習成效，延後測的成績平均數 3.77，標準差 .57。

表 5　實驗組與控制組樣式推理表現

	組別	平均數	標準差	調節平均數
前測分數	實驗組	.87	1.17	
	控制組	.67	.88	
後測分數	實驗組	3.63	.81	3.62
	控制組	1.90	1.06	1.92
延後	實驗組	3.77	.57	3.85
	控制組	2.43	.94	2.45

註：每一作業正確完成計 1 分；未完成及錯誤為 0 分。

從表 4 的數據資料得知，幼兒在未接受樣式教學模式教學前，在切割單位非直線複雜重複樣式 AABC-ABBC-ABCC 與未切割單位非直線複雜重複樣式 AABCABBCABCC 的作業表現不佳，因為他們不太會解這類樣式，甚至沒有幼兒能解未切割單位非直線複雜重複樣式的作業，因為這題前測平均分數為零，但經教學後，後測平均數可達到 .87。又從表 4 的資料顯示，當幼兒會解切割單位非直線複雜重複樣式的作業時，也會解未切割非直線

複雜重複樣式的作業，實驗組幼兒經樣式教學複雜重複樣式推理能力提升。

　　「幼兒樣式推理作業」的解題的表現，在樣式教學前幼兒大都無法找到樣式單位正確作答，幼兒解第一題簡單重複樣式時，會用計數的策略答題，但經過樣式教學後幼兒會以尋找樣式辨識單位的方式作答。當問幼兒「你是怎麼知道的？」幼兒（C1）會說：「因為有看到樣式」，在延後測時更能快速的作答。

表 6　實驗組前後測的表現

幼兒樣式推理作業	前測		後測	
	平均數	標準差	平均數	標準差
1.ABCABC	.40	.498	.97	.183
2.ABBCABBC	.40	.498	1.00	.000
3.AABC-ABBC-ABCC	.13	.346	.87	.346
4.AABCABBCABCC	.00	.000	.87	.346

　　總結，幼兒樣式推理透過成人的引導，能掌握較大單位的樣式規律，進而提升複雜樣式推理能力，證實 Papic 等人（2011）以實驗介入樣式教學對於幼兒樣式能力有影響，即成人有系統地引入樣式活動對幼兒察覺樣式的單位與結構具有明顯的效果。

結論與建議

第一節　結論

　　本研究樣式教學以分解樣式單位結構的方式逐步引導幼兒漸進的學習。先從直線簡單重複樣式再到非直線複雜重複樣式，並依循樣式教學模式步驟實施。樣式教學模式的教學步驟：先帶領幼兒尋找樣式、辨識樣式單位、標示單位、臆測單位及延伸單位，最後驗證樣式。在樣式教學過程中，教師以故事及遊戲引導幼兒學習樣式推理，以操作練習增強幼兒的樣式概念。

　　由於相關的研究認為學習樣式對學童數學概念的發展有益處，且透過樣式教學能提升幼兒的樣式推理能力。本研究以樣式教學模式介入教學提升幼兒複雜重複樣式推理能力，研究結果發現實驗組介入教學後，有 90% 幼兒能完成複雜重複樣式的作業，也說明實驗組六歲幼兒能進行複雜重複樣式推理，而經樣式教學的實驗組幼兒在後測成績的表現上，比控制組的幼兒表現佳。可知，樣式教學模式實施有其成效，而成人樣式介入教學可以提升幼兒樣式推理表現。

第二節　建議

　　本研究以介入教學協助幼兒重複樣式的推理能力，在樣式學習的類型中強調樣式結構變化，增加元素數量及改變樣式排列方向為操弄變項，探究幼兒的複雜重複樣式推理能力表現，並施予介入教學瞭解其成效。而本研究認為未來可進一步作相關研究探討，提出建議如下：

一、增加變項

　　本研究的複雜重複樣式的教學，只改變兩個變項即單位元素的增加及方向的改變。未來研究可以多增加其他變項，因為樣式推理需要符號表徵的能力，樣式作業可以加入圖形顏色或數字等因素，探測幼兒多變項樣式

推理能力。

二、研究對象往下延伸

　　本研究對象以幼兒園大班幼兒為主，在認知發展上這階段幼兒在數學推理上已具有較成熟的判斷力，經二個月的實驗教學，控制組與實驗組在樣式推理能力上都有增長，顯見樣式教學有成效，但學前六歲以下幼兒是否也可依此教學模式獲得相同的結果，可作進一步的探討。

三、研究評量內容

　　本研究以四個重複樣式作業來探究樣式教學模式的成效，未來可針對不同的樣式結構、增加作業數量及評量的方式作進一步幼兒樣式推理能力的探討。

四、研究內在效度

　　本研究設計實驗教學，兩組教學者參與實驗教學，其成員背景仍存有差異，未來研究設計應再控制相同教學背景，避免衍生內在效度問題。

五、研究推論

　　實驗組與控制組的教法從簡單重複樣式至複雜重複樣式，使用材料以幼兒園的教材為主，但實驗組依循樣式教學模式逐步教學，用設計活動與自編材料輔助教學，是否影響到實驗教學成效應再進一步探討，在推論上免有偏誤之慮。

吳昭容、徐千惠（2010）。兒童如何在重複中找到規律？重複樣式的程序性與概念性知識。**教育科學研究期刊**，55（1），1-25。doi: 10.3966/2073753X2010035501001【Wu,Chao-Jung, & Hsu, Chien-Hui (2010). How do children find patterns in reiteration? Procedural knowledge and conceptual knowledge in identifying repeating patterns. *Journal of Research in Education Sciences*, 55(1), 1-25.doi: 10.3966/2073753X2010035501001(in Chinese)】

吳昭容、嚴雅筑（2008）。樣式結構與回饋對幼兒發現重複樣式的影響。**科學教育學刊**，16（3），303-324。doi: 10.6173/CJSE.2008.1603.04【Wu, Chao-Jung, & Yen Ya-Chu (2008).The effects of pattern structure and feedback on repeating pattern finding in kindergarten students. *Chinese Journal of Science Education*,16(3), 303-324. doi: 10.6173/CJSE.2008.1603.04 (in Chinese)】

洪明賢（2003）。**國中生察覺數形規律的現象初探**（未出版之碩士論文）。國立臺灣師範大學，臺北市。【Hong, Ming-Xian (2003).*The exploration of number and shape of the pattern for middle school students*(Unpublished master's thesis). National Taiwan Normal University, Taipei. (in Chinese)】

陳英娥、林福來（1998）。數學臆測的思維模式。**科學教育學刊**，6（2），192-218。【Chen, Ing-Er,& Lin, Fou-Lai(1998). A thinking model of mathematical conjecturing. *Chinese Journal of Science Education*, 6(2), 192-218. (in Chinese)】

陳埩淑（2017）。中華民國專利第 1564046 號。臺北：中華民國經濟部智慧財產局。【Chen,Ching-Shu (2017). *TaiwanPatent No.1564046*. Taipei: Intellectual Property Office, Ministry of Affairs, R. O. C. (in Chinese)】

趙曉燕、鍾靜（2010）。國小六年級學童對圖形樣式問題之解題探究。**台灣數學教師電子期刊**，24，1-23。doi: 10.6610/ETJMT.20101201.01【Chao, Hsiao-Yen, & Chung, Jing(2010).The exploration ofsolving problems on shape pattern for sixth grade.*Taiwan Journal of Mathematics Teachers*, 24, 1-23.doi: 10.6610/ETJMT.20101201.01(in Chinese)】

Copley,J. V.（2003）。**幼兒數學教材教法**（何雪芳、陳彥文譯）。臺北：華騰文化。（原著出版於 1998 年）【Copley,J. V. (2003). *The young child and mathematics*(Xue-

Fang Hu & Yan-WenChen, Trans.). Taipei: Far Terng Culture. (Original work published 1998)(in Chinese)】

Bodrova, E., & Leong, D. J. (2007). *Tool of the mind: The Vygotskian approach to early childhood education* (2nd ed.) Upper Saddle River, NJ: Prentice-Hall.

Clements, D. H., & Sarama, J. (2009). *Learning and teaching early math: The learning trajectories approach.* New York, NY: Routledge.

Cooper, T. J.,& Warren,E. (2008).The effect of different representations on years 3 to 5 students' ability to generalize.*ZDM—The International Journal on Mathematics Education, 40*(1), 23-37.doi: 10.1007/s11858-007-0066-8

Greenes, C. (1999). Ready to learn: Developing young children's mathematical powers. In J.V.Copley(Ed.),*Mathematics in the early years*(pp.39-47). Reston, VA: National Council of Teachers of Mathematics.

Klein, A.,& Starkey, P. (2004). Fostering preschool children's mathematical knowledge: Findings from the Berkeley Math Readiness Project. In D. H. Clements, J. Sarama,& A. M. DiBiase(Eds.),*Engaging young children in mathematics: Standards for early childhood mathematics education*(pp.343-360). Mahwah, NJ: Erlbaum.

Klein, A., Starkey, P., & Wakeley, A. (2000).*Child math assessment: Preschool battery (CMA).* Berkeley, CA: University of California.

Krebs, A. S. (2005). Take time for action: Studying students' reasoning in writhing generalizations. *Mathematics Teaching in the Middle School, 10*(6), 284-287.

Lüken, M. M., Peter-Koop,A., & Kollhoff, S. (2014). Influence of early repeating patterning ability on school mathematics learning. In P.Liljedahl, S.Oesterle, C.Nicol, & D.Allan (Eds.),*Proceedings of the 38th Conference of the International Group for the Psychology of Mathematics Education and the 36th Conference of the North American Chapter of the Psychology of Mathematics Education*(Vol.4, pp.138-145). Vancouver, Canada: PME.

Lynn, M. M. (2013). Is it a pattern? *Teaching Children Mathematics, 19*(9), 564-571. doi: 10.5951/teacchilmath.19.9.0564

Mouhayar, R. E. (2014). Teachers' ability to explanin student reaponing in pattern generalization tasks. In P.Liljedahl, S.Oesterle, C.Nicol, & D.Allan (Eds.), *Proceedings of 38th Psychology of Mathematics Education conference and the 36th Conference of the North American Chapter of the Psychology of Mathematics Education*(Vol.4,pp.258-265).Vancouver, Canada: PME.

Mulligan, J. T., & Mitchelmore, M. C. (2009). Awareness of pattern and structure in early mathematical development. *Mathematics Education Research Journal, 21*(2), 33-49. doi: 10.1007/BF03217544

Mulligan. J. T., Mitchelmore, M. C., English, L. D., & Robertson, G., (2010). Implementing a Pattern and Structure Mathematics Awareness Program (PASMAP) in kindergarten. In L. Sparrow, B. Kissane, & C. Hurst (Eds.),*Shaping the future of mathematics education: Proceedings of the 33rd annual conference of the Mathematics Education Research Group of Australasia* (pp. 796-803). Freemantle, UK: MERGA.

Mulligan, J. T., Mitchelmore, M. C.,English, L. D., & Crevensten, N.(2012). Evaluation of the 'reconceptualising early mathematics learning' project. In J. Wright (Ed.), *AARE 2012 Conference Proceedings*. Sydney, Australia:Australian Association for Research in Education. Retrieved from http://www.aare.edu.au/data/publications/2012/Mulligan12.pdf

National Council of Teachers of Mathematics (2000). *Principles and standards for schoolmathematics*. Reston, VA: NCTM.

Orton, A., & Orton, J. (1999). Pattern and the approach to algebra. In A. Orton (Ed.), *Pattern in the teaching and learning of mathematics* (pp. 104-120). London, UK:Continuum.

Owen, A. (1995). In search of the unknown: A review of primary algebra. In J. Anghileri (Ed.), *Children's mathematical thinking in the primary years: Perspectives on children's learning* (pp. 124-147).London, UK: Cassell.

Papic, M., & Mulligan, J. (2005). Preschoolers' mathematical patterning. In P. Clarkson, A. Downton, D. Gronn, M. Horne, A. McDonough, R. Pierce, & A. Roche (Eds.),*Proceedings of the 28th annual conference of the Mathematics Education Research Group of Australasia* (Vol. 2, pp. 609-616). Sydney, Australia: MERGA.

Papic, M. M., Mulligan, J. T., & Mitchelmore, M. C. (2011). Assessing the development of preschoolers' mathematical patterning. J*ournal for Research in Mathematics Education, 42*(3), 237-269.

Papic, M. M. (2013). Improving numeracy outcomes for young Australian Indigenous children. In L. D. English & J. T. Mulligan (Eds.), *Reconceptualizing early mathematics learning*(pp. 253-281). New York, NY: Springer. doi: 10.1007/978-94-007-6440-8_13

Rittle-Johnson, B., Fyfe, E. R., McLean, L. E., & McEldoon, K. L. (2013). Emerging understanding of patterning in 4-year-olds. *Journal of Cognition and Development,14*(3), 376-396. doi: 10.1080/15248372.2012.689897

Seo, K. H., & Ginsburg, H. P. (2004). What is developmentally appropriate in early childhood mathematics education? Lessons from new research. In D. H. Clements, J. Sarama, & A. M. DiBiase (Eds.),*Engaging young children in mathematics: Standards for early childhood mathematics education* (pp. 91-104). Hillsdale, NJ: Erlbaum.

Sophian, C. (2007). *The origins of mathematical knowledge in childhood.* New York, NY: Erlbaum.

Starkey, P., Klein, A., & Wakeley, A. (2004). Enhancing young children's mathematical knowledge through a pre-kindergarten mathematics intervention. *Early Childhood Research Quarterly, 19*(1), 99-120. doi: 10.1016/j.ecresq.2004.01.002

Stylianides, G. J. (2008). An analytic framework of reasoning-and-proving. *For the Learning of Mathematics,28*(1), 9-16.

Stylianides, G. J. (2009). Reasoning-and-proving in school mathematics textbooks. *Mathematical Thinking and Learning, 11*(4), 258-288.doi: 10.1080/10986060903253954

Threlfall, J. (1999). Repeating patterns in the early primary years. In A. Orton (Ed.).*Pattern in the teaching and learning of mathematics*(pp. 18-30). London, UK: Continuum.

Tsamir, P., Tirosh, D., Barkai, R., Levenson, E., & Tabach, M. (2015). Which continuation is appropriate? Kindergarten children's knowledge of repeating patterns. In K. Beswich,T. Muir, & J. Fielding-Wells (Eds.), *Proceedings of 39th Psychology of Mathematics Education conference* (Vol. 4, pp. 249-256). Hobart,Australia: PME.

Vale, I., Pimentel, T., Cabrita, I., Barbosa, A. & Fonseca, L. (2012). Pattern problem solving tasks as a mean to foster creativity in mathematics. In Tso, T. Y. (Ed), *Proceedings of the 36th Conference of the International Group for the Psychology of Mathematics Education* (Vol.4,pp.171-178). Taipei, Taiwan: PME.

Warren, E., & Cooper, T. (2006). Using repeating patterns to explore functional thinking. *Australian Primary Mathematics Classroom, 11*(1), 9-14.

Warren, E., & Cooper, T. (2008). Patterns that support early algebraic thinking in the elementary school. In C. E. Greenes & R. Rubenstein (Eds.), *Algebra and algebraic thinking in school mathematics: Seventieth Yearbook* (pp. 113-126). Reston, VA: National Council of Teachers of Mathematics.

國家圖書館出版品預行編目（CIP）資料

幼兒數學樣式：教學實務與理論／陳埩淑著. --初版.--
新北市：心理出版社股份有限公司, 2022.03
面； 公分.--（數學教育系列；42010）
ISBN 978-986-0744-75-0（平裝）

1.CST: 幼兒教育 2.CST: 數學教育

523.21 111003801

數學教育系列 42010

幼兒數學樣式：教學實務與理論

作　　者：陳埩淑
總 編 輯：林敬堯
發 行 人：洪有義
出 版 者：心理出版社股份有限公司
地　　址：231026 新北市新店區光明街 288 號 7 樓
電　　話：(02) 29150566
傳　　真：(02) 29152928
郵撥帳號：19293172　心理出版社股份有限公司
網　　址：https://www.psy.com.tw
電子信箱：psychoco@ms15.hinet.net
排 版 者：辰皓國際出版製作有限公司
印 刷 者：辰皓國際出版製作有限公司
初版一刷：2022 年 3 月
I S B N：978-986-0744-75-0
定　　價：新台幣 250 元